Fehlerkiller

Compact Schülerhilfen

Mathematik

Rechnen mit Termen

Reinhold Guter

Compact Verlag

Redaktion: Andrea Forster, Katja Kulick, Christine Simon
Umschlaggestaltung: Sabine Jantzen, Inga Koch
Illustration: Franz Gerg
Printed in Germany
ISBN 3-8174-7374-5
7373741

Inhalt

Wie du mit diesem Buch lernen kannst!

Das Rechnen mit Termen zählt ab der Unter- und Mittelstufe zum Handwerkszeug der Mathematik. Es ist fester Bestandteil vieler Themen. Nur wer auf diesem Gebiet sicher ist, hat eine gute Grundlage für zukünftige Themen im Mathematikunterricht.

Die „Fehlerkiller“ sollen dir bei typischen, immer wieder auftretenden Fehlerquellen eines bestimmten Sachgebietes gezielt und wirkungsvoll helfen. In kleinen, abgeschlossenen Lerneinheiten werden die wichtigsten Regeln wiederholt und eingeübt.

Kernpunkt der „Fehlerkiller“ sind die speziellen Übungen und Tests zu den einzelnen Lernschritten. Wenn du dich Abschnitt für Abschnitt damit beschäftigst und deine Ergebnisse mit den Lösungen am Ende des Buches vergleichst, kannst du sofort deinen Lernerfolg überprüfen.

Die allgemeinen Regeln für jeden Lernschritt stehen im Buch immer in einem roten Feld. Dort kannst du nachsehen, wenn du bei den Aufgaben unsicher bist.

Nun viel Erfolg!

Professor Magnus hilft dir, dich zurechtzufinden:

= Aufgaben: Schreibe die Lösungen zu den Übungen in dein Arbeitsheft - nicht ins Buch.

Wichtige Regeln, die du dir einprägen solltest, sind rot markiert.

1. Terme und Variablen: Erklärung und Schreibweisen

Rechenausdrücke mit Zahlen, Buchstaben und Rechenzeichen heißen **Terme**, z. B.:
$7 + 4$; $5 \cdot a$; $2x - 6y$; $(8 + 3u)^2$; $4 \cdot (2s - 6u)$; $17a^5b^3$; $(-4m)^2 : 8$

Die Buchstaben stehen für beliebige Zahlen und heißen in der Mathematik **Variablen**. Mit Variablen lässt sich genauso rechnen wie mit Zahlen, zusätzlich kann aber der Malpunkt weggelassen werden.

Beispiele:

Mit Zahlen	Mit Variablen
$8 + 8 + 8 = 3 \cdot 8$	$a + a + a = 3 \cdot a = 3a$
$-8 - 8 - 8 = 3 \cdot (-8) = -3 \cdot 8$	$-a - a - a = 3 \cdot (-a) = -3 \cdot a = -3a$
$5 \cdot 5 \cdot 5 = 5^3$	$a \cdot a \cdot a = a^3$
(speziell: $5 = 5^1$)	(speziell: $a = a^1$)
$3:5 = \frac{3}{5} = \frac{1}{5} \cdot 3$	$a:5 = \frac{a}{5} = \frac{1}{5} \cdot a = \frac{1}{5}a$
$6 = 1 \cdot 6$	$a = 1 \cdot a = 1a$
$-6 = -1 \cdot 6$	$-a = -1 \cdot a = -1a$

1. Vereinfache die Terme:

   a) $x + x + x + x + y + y$
   b) $s + s + s + s + s - t - t - t$
   c) $r + t + r + r + t + t + r$
   d) $p - q + p - q + p - q + p - q + p - q$
   e) $x^2 + x^2 + x^2 + y^2 + y^2 + x^2 + y^2 + x^2 + x^2$

2. Schreibe ausführlich als Summe:

   a) $4x$ b) $2a + 3b$ c) $5r - 3s$

3. Schreibe als Potenzen:

   a) $7 \cdot 7 \cdot 7 \cdot 7 \cdot 7 \cdot 7 \cdot 5 \cdot 5 \cdot 5$ b) $x \cdot x \cdot x \cdot y \cdot y \cdot y \cdot y \cdot y \cdot y$
   c) $r \cdot s \cdot t \cdot s \cdot t \cdot r \cdot t \cdot t \cdot s$

4. Schreibe ausführlich als Produkt:

   a) 5^3 b) b^4 c) x^3y^5 d) $(3a)^4$

2. Rechnen mit Termen ohne Variablen: Addition/Subtraktion

Die Zeichen „+" und „-" können sowohl **Rechenzeichen** (für die Addition bzw. Subtraktion) als auch **Vorzeichen** (Kennzeichnung einer positiven oder negativen Zahl) sein, z. B.:

Rechenzeichen
↓
-3 - (+7)
↖ ↗
Vorzeichen

Eine Klammer ist dann notwendig, wenn Rechenzeichen und Vorzeichen unmittelbar aufeinander folgen. Bei der Addition und Subtraktion von rationalen Zahlen ist es manchmal vorteilhaft, Rechenzeichen und Vorzeichen zu **einem** Rechenzeichen zusammenzufassen.
Dabei gilt:

+ und + → +   + und - → -
- und - → +   - und + → -

Beispiel: 5 + (+6) = 5 + 6   5 + (-6) = 5 - 6
5 - (-6) = 5 + 6   5 - (+6) = 5 - 6

Additions- und Subtraktionsregel:
Sind das Rechen- und das Vorzeichen gleich, dann werden die Zahlen addiert und das gemeinsame Zeichen vorangestellt:

+ 4 **+** 3 = **+** (4 + 3) = **+** 7
- 4 **-** 3 = **-** (4 + 3) = **-** 7

Sind das Rechen- und das Vorzeichen unterschiedlich, dann nimmt man das Zeichen, das vor der größeren Zahl steht, und subtrahiert die kleinere Zahl von der größeren Zahl:

+ 3 **-** 8 = **-** (8 - 3) = **-** 5
- 3 **+** 8 = **+** (8 - 3) = **+** 5

5. Schreibe zuerst mit **einem** Rechenzeichen und berechne dann:

a) - 24 + (- 6)   b) 18 - (- 13)
c) + 20 - (+ 9)   d) - 68 + (+ 45)
e) 83 - (+ 59)   f) - (- 37) + (- 18)

3. Rechnen mit Termen ohne Variablen: Multiplikation/Division

Multiplikationsregel:
Stehen **gleiche Vorzeichen** vor den Faktoren, dann wird das Produkt **positiv**:

$(+3) \cdot (+5) = +15$ $\quad$ $(-2) \cdot (-7) = +14$

Stehen **verschiedene Vorzeichen** vor den Faktoren, dann wird das Produkt **negativ**:

$(+6) \cdot (-7) = -42$ $\quad$ $(-8) \cdot (+3) = -24$

Entsprechend lautet die **Divisionsregel:**

Stehen **gleiche Vorzeichen** vor Dividend (hier: +10 bzw. -16) und Divisor (hier: + 2 bzw. - 4), dann wird der Quotient (hier: + 5 bzw. + 4) **positiv**:

$(+10) : (+2) = +5$ $\quad$ $(-16) : (-4) = +4$

Stehen **verschiedene Vorzeichen** vor Dividend und Divisor, dann wird der Quotient **negativ**:

$(+27) : (-3) = -9$ $\quad$ $(-36) : (+9) = -4$

Beachte: Die Klammer um die vordere Zahl kann jeweils weggelassen werden.

6. Berechne:

a) $(-4) \cdot (+9)$
b) $(-12) : (-12)$
c) $8 \cdot (-0{,}5)$
d) $(+48) : (-8)$
e) $-7 : (-4)$
f) $(-3) \cdot (-4) \cdot (-6)$
g) $(+4) : (+\frac{1}{5})$
h) $(-\frac{3}{8}) : (+\frac{5}{4})$
i) $-3{,}2 \cdot (+\frac{3}{4})$

4. Berechnung von Termwerten

Wenn man für die Variablen in einem Term Zahlen einsetzt, lassen sich Termwerte berechnen.

Aus dem Term 3a + 2b erhält man für a = 4 und b = - 3:

$$3 \cdot \mathbf{4} + 2 \cdot \mathbf{(-3)} = 12 - 6 = 6$$

Zu jeder Variablen gehört eine **Grundmenge**. Sie enthält die Zahlen, die für die Belegung der Variablen in Frage kommen, z. B. N_0 (Menge der natürlichen Zahlen und die Null) oder Q (Menge der rationalen Zahlen).

Unter der **Definitionsmenge** eines Terms versteht man die Menge der Zahlen, welche für die Variablen eingesetzt werden dürfen (wichtig vor allem bei Bruchtermen und Bruchgleichungen).

7. Setze die Zahlen 2; 5; - 3 und $-\frac{1}{2}$ in die Terme ein und und berechne jeweils den Wert:

a) $6x$
b) $8a - 5$
c) $-2u$
d) $7 - 3y$
e) a^2
f) a^3
g) $\frac{1}{4}x + x$

8. Übertrage die Tabelle in dein Heft und berechne die Termwerte, indem du für x und y die angegebenen Zahlen einsetzt:

	x	y	x - y	x · y	4x - y	$x^2 + y^2$
a)	1	0				
b)	2	2				
c)	- 1	3				
d)	5	- 2				
e)	$\frac{1}{4}$	$\frac{1}{2}$				

5. Äquivalenz von Termen

Durch das Einsetzen von Zahlen für die Variablen lässt sich überprüfen, ob verschieden aufgebaute Terme **äquivalent** (gleichwertig) sind. Sind die Terme äquivalent, so müssen sie für **jede Zahl** aus der Grundmenge jeweils denselben Wert annehmen. Da ein solcher Nachweis oft schwierig ist, beschränkt man sich im Folgenden auf die Überprüfung weniger Zahlen (ein korrekter Nachweis ist aber durch Termumformungen möglich). Dagegen reicht **ein** Beispiel aus, um zu zeigen, dass zwei Terme nicht äquivalent sind.

Beispiel:

Die Terme $2 \cdot (4x - 1) + 2x$ und $10x - 2$ scheinen äquivalent zu sein, denn beispielsweise ergibt sich bei Einsetzung der Zahl **3**:

$2 \cdot (4 \cdot \mathbf{3} - 1) + 2 \cdot \mathbf{3} =$	$10 \cdot \mathbf{3} - 2 =$
$2 \cdot 11 + 6 = \mathbf{28}$	$30 - 2 = \mathbf{28}$

Findet man keine Zahl aus der Grundmenge, die zwei unterschiedliche Ergebnisse liefert, dann gilt:

$2 \cdot (4x - 1) + 2x = 10x - 2$

Die Terme $9x^2 + 4$ und $(3x + 2)^2$ sind dagegen nicht äquivalent, denn für $x = \mathbf{1}$ ergibt sich:

$9 \cdot 1^2 + 4 =$	$(3 \cdot 1 + 2)^2 =$
$9 + 4 = 13$	$5^2 = 25$

Somit gilt: $9x^2 + 4 \neq (3x + 2)^2$.

9. Prüfe durch Einsetzen der Zahlen 0, 1 und 2, ob die beiden Terme jeweils äquivalent sein können:

a) $3a$ und $a + 2a$	b) $4x$ und $2 + 2x$
c) $6x$ und $3 \cdot 2x$	d) $2 \cdot (2z - 1)$ und $4z - 1$
e) x^2 und $2 \cdot x$	f) $5 \cdot (x + 2)$ und $5x + 10$
g) $x - 2x$ und $-x$	h) $-(x - x \cdot 3)$ und $- 2x$

6. Aufstellen eines Terms

Um Textaufgaben lösen oder Formeln herleiten zu können, ist es hilfreich, Sachverhalte durch Terme auszudrücken, z. B.:

a) Subtrahiere vom Vierfachen einer Zahl das Doppelte einer zweiten Zahl und dividiere das Ergebnis durch 3:

Das Vierfache der ersten Zahl:	$4x$
Das Doppelte der zweiten Zahl:	$2y$
Differenz (Subtrahiere ...):	$4x - 2y$
Division (Dividiere ...):	$(4x - 2y):3$

b) Umfang und Flächeninhalt der Figur lassen sich mit Hilfe von Termen beschreiben.
Der Flächeninhalt A eines Rechtecks ist:
A = Länge mal Breite.
Der Flächeninhalt A der Figur ist:
$A = a \cdot b + b \cdot c.$
Der Umfang u eines Rechtecks ist:
u = Summe der Längen aller Seiten.
Der Umfang u der Figur ist:
$u = b + (a - b) + c + b + (b + c) + a$
$= 2a + 2b + 2c.$

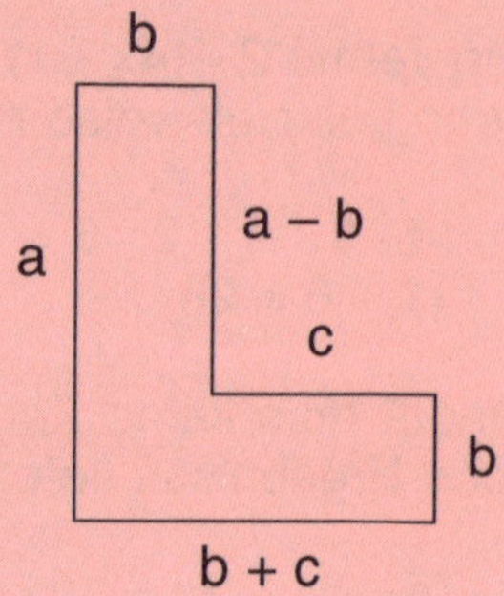

10. Stelle jeweils einen Term auf:

a) Addiere 3 zum Fünffachen einer Zahl.
b) Subtrahiere von 7 das Doppelte einer Zahl.
c) Dividiere die Summe von 4 und einer Zahl durch 3.
d) Addiere zum Produkt einer Zahl und 4 das Dreifache einer zweiten Zahl.

11. Drücke Umfang und Flächeninhalt (durch Einteilung in geeignete Rechtecke) der beiden Figuren durch Terme aus:

a)

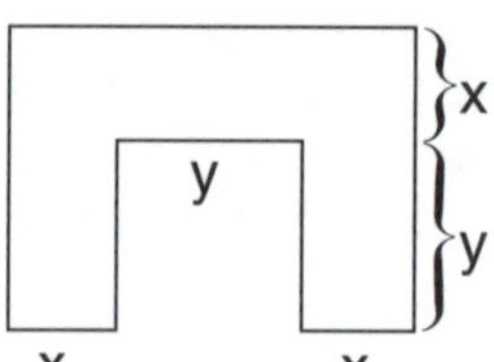

b)

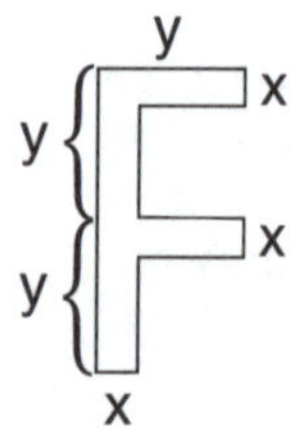

12. Gib für die Rechenvorschriften Terme an:

a) Multipliziere den Quotienten aus einer Zahl und 5 mit 9.
b) Multipliziere die Differenz einer Zahl und 8 mit der Summe der Zahl und 12.
c) Subtrahiere vom Quadrat einer Zahl das doppelte Quadrat einer zweiten Zahl.
d) Dividiere die Differenz einer Zahl und 15 durch das Dreifache der Zahl und subtrahiere davon 6.
e) Der 5. Teil einer Zahl wird zum Vierfachen einer zweiten Zahl addiert.
f) Verdoppele den Quotienten zweier Zahlen und addiere das doppelte Produkt beider Zahlen.
g) Multipliziere das Quadrat der Summe aus einer Zahl und 7 mit dem Quadrat der Differenz einer zweiten Zahl und 15.

13. Drücke Umfang und Flächeninhalt (durch Einteilung in geeignete Rechtecke) der Figuren durch Terme aus:

a)

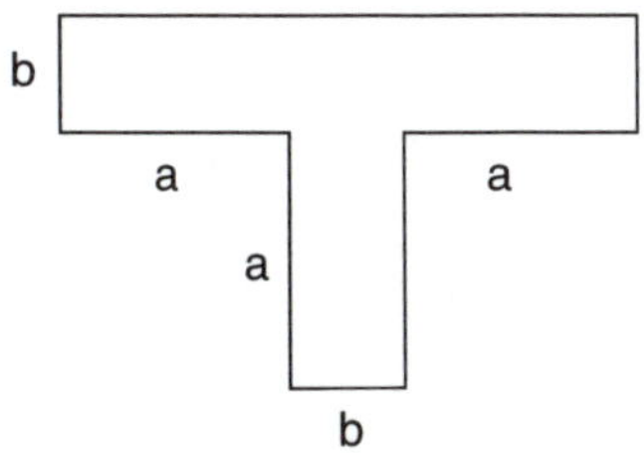

b)

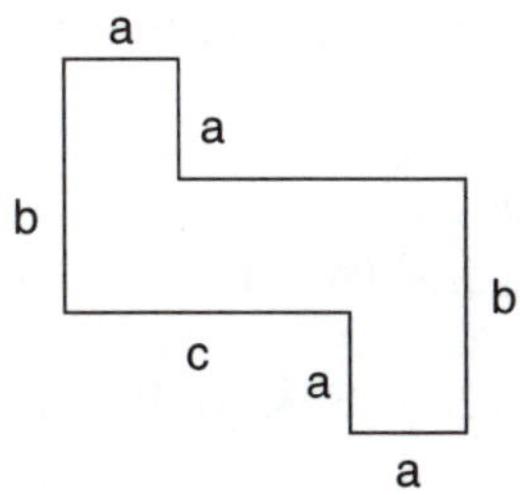

c)

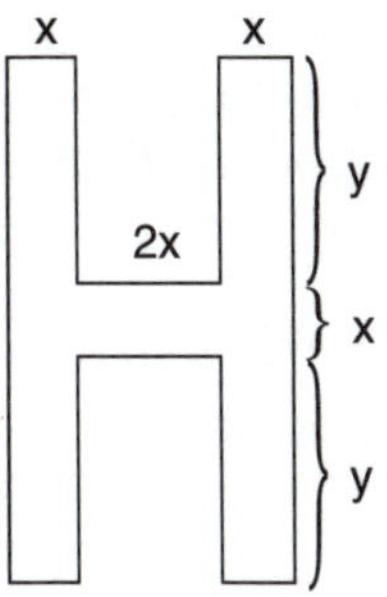

d) (schraffierte Fläche)

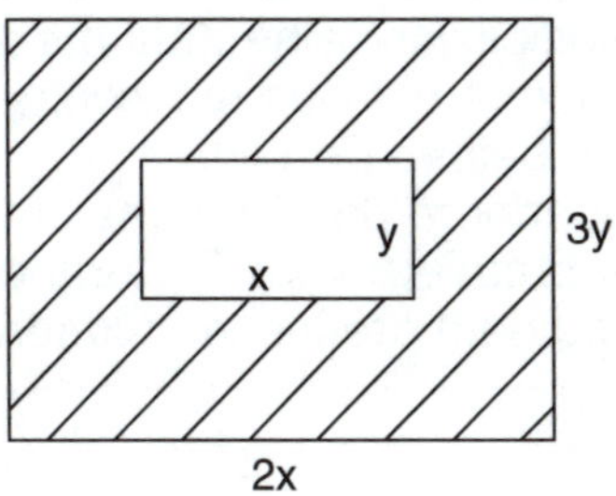

8. Test

14. Berechne:

a) $-26 - (-8)$
b) $-5 \cdot (+3)$
c) $-5 + 3$
d) $35 : (-7)$

15. Übertrage die Tabelle ins Heft und berechne die Termwerte:

	x	y	$2x + 3y$	$x^2 - y^2$	$x^2 - 2xy + y^2$
a)	4	2			
b)	- 3	3			
c)	0	- 6			
d)	- 2	- 7			
e)	$\frac{2}{3}$	$\frac{1}{2}$			

16. Prüfe durch das Einsetzen der Zahlen 0, 7 und - 5, ob die Terme jeweils äquivalent sein können:

a) $4b$ und $2 + 2b$
b) $8b$ und $4b \cdot 2b$
c) $3 \cdot (2x - 5)$ und $6x - 15$
d) $-x - 3x$ und $-2x$
e) $(2x - 3) \cdot (2x + 3)$ und $4x^2 - 9$

17. Stelle jeweils einen Term auf:

a) Dividiere die Summe zweier Zahlen durch 7.
b) Multipliziere eine Zahl mit der um 1 größeren Zahl.
c) Addiere die Summe zweier Zahlen zum doppelten Produkt der beiden Zahlen.
d) Quadriere die Differenz einer Zahl mit 9.
e) Subtrahiere vom Quadrat einer Zahl den Quotienten aus 8 und dem dreifachen Quadrat dieser Zahl.

9. Addition und Subtraktion von Termen

Terme mit **gleichen Variablen** können addiert bzw. subtrahiert werden:

$9ab - 4ab + 2ab = 7ab$
$5b + 3c - 2b + c = 5b - 2b + 3c + 1c = 3b + 4c$
$7x^2y - 2x^2y^2 - 3x^2y^2 + 8x^2y = 7x^2y + 8x^2y - 2x^2y^2 - 3x^2y^2 = 15x^2y - 5x^2y^2$

Terme mit **verschiedenen Variablen** können nicht addiert bzw. subtrahiert werden:

$5x + 3y$
$2ab - b$
$8a^2 - 4a + 7$

Beachte: Variablen können aufgrund des Kommutativgesetzes ($a \cdot b = b \cdot a$) vertauscht werden: $5x^3y = 5yx^3$.

Variablen sind voneinander verschieden, wenn sie die gleiche Basis (Grundzahl), aber unterschiedliche Exponenten (Hochzahlen) haben:

$x \neq x^2$ bzw. $x^2 \neq x^3$

18. Fasse zusammen, wenn möglich:

a) $9x + 2x - 14x$
b) $3u - 7v + 2u - v$
c) $4m - 3n - 2$
d) $5s - s$
e) $5s - 5$
f) $5s - 5s + 3t - 4t$

19. Vereinfache so weit wie möglich:

a) $- 6p + 2p^2 + 4q + 5p - 4p^2$
b) $4 - 2a^2 - 3a + 7a^2$
c) $7st - 3ts$
d) $a^2 - 2ab + 4a - 3a^2 - b^2 + 2ba - 4a$
e) $-11x^2y^3 - 7x^3y^2 + 5x^2y^2 + 8x^2y^3 - 4x^2y^2$
f) $- 0,08ab - 1,52a^2 + 0,23ba - 0,69b^2a + 0,04a + 0,19ab^2$

10. Auflösen von Plus- und Minusklammern

Klammern, vor denen ein **Plus**zeichen steht, können weggelassen werden (die Summanden aus der Klammer behalten somit ihr Vorzeichen):

$3x + (7y - 5x) =$
$3x + 7y - 5x =$
$-2x + 7y$

$4 + (-3a + 7b) =$
$4 - 3a + 7b$

Klammern, vor denen ein **Minus**zeichen steht, werden aufgelöst, indem man alle Vorzeichen der Summanden aus der Klammer verändert:

$8 - (2a - 3b + 4) =$
$8 - 2a + 3b - 4 =$
$4 - 2a + 3b$

$4x - (-3y + 4x + 6y) =$
$4x + 3y - 4x - 6y =$
$-3y$

Kommen in einem Term mehrere Klammern vor, so löst man erst die inneren und dann die äußeren Klammern auf:

$3x - [2 - [5x - 6y - (4x + y) + 3] - 7y] =$
$3x - [2 - [5x - 6y - 4x - y + 3] - 7y] =$
$3x - [2 - 5x + 6y + 4x + y - 3 - 7y] =$
$3x - 2 + 5x - 6y - 4x - y + 3 + 7y =$
$4x + 1$

20. Löse die Klammern auf und fasse zusammen, falls dies möglich ist:

a) $5 + (3x - 7y)$
b) $4s - (6t + 2u)$
c) $(9a - 5b) + (-3a - 2b)$
d) $-(2m + 5n) + 2m$
e) $13e - (10f - 3) - (-7 + 3e)$
f) $6a^2 + (7a - 5a^2) - (8 + a^2)$

21. Löse die Klammern auf und fasse dann zusammen:

a) $-[9 + (-12 - 3x) - 4] + 6x$
b) $2x + [5y - (2x - 9y)]$
c) $-[-16s - (12 + 15t) + (20s - 8) + 17t]$
d) $-[-[-m + n - (3m + 3n) + 4n]] - 7m$
e) $20a^2b^2 - [-(13a^2b + 6ab^2 - 14a^2b^2) + (-13a^2b - 8ab^2)]$
f) $-7x^3y - [[1x^3 + 8x^3y^2 - (-2x^3 + 15x^3y^2) + 4x^3y] - 12x^3y^2]$

11. Multiplikation von Termen (Produkten)

Terme, die nur aus Faktoren bestehen (Produkte), werden miteinander multipliziert, indem man

- zuerst das Vorzeichen bestimmt;
- dann die Koeffizienten (Zahlen) miteinander multipliziert;
- schließlich die Variablen alphabetisch ordnet und gegebenenfalls zu Potenzen zusammenfasst:

$4bc \cdot 5ad = + 4 \cdot 5 \cdot a \cdot b \cdot c \cdot d = 20abcd$
$3xz \cdot (- 2zxy) = - 3 \cdot 2 \cdot x \cdot x \cdot y \cdot z \cdot z = - 6x^2yz^2$
$(- 6a^2bc^3) \cdot 2b^2a \cdot (- 3ac^2) = + 6 \cdot 2 \cdot 3 \cdot a^2 \cdot a \cdot a \cdot b \cdot b^2 \cdot c^3 \cdot c^2 = 36a^4b^3c^5$

Beachte: Vorzeichenregeln beim Multiplizieren:

$(+) \cdot (+) = (+)$ $(-) \cdot (+) = (-)$
$(-) \cdot (-) = (+)$ $(+) \cdot (-) = (-)$

Bei der Multiplikation von Potenzen werden die Exponenten (Hochzahlen) addiert:

$a^3 \cdot a^2 = a^{3+2} = a^5$, da $a^3 \cdot a^2 = \underbrace{a \cdot a \cdot a}_{a^3} \cdot \underbrace{a \cdot a}_{a^2} = a^5$.

22. Multipliziere:

a) $5b \cdot 3a$
b) $(-7xy) \cdot 4yz$
c) $8n \cdot (- 2mn) \cdot 3m$
d) $(- ab) \cdot (- 2bc) \cdot (- 3b^2c)$
e) $- 5st^2u \cdot 6su^2 \cdot (- 0{,}5tu)$
f) $0{,}2xy^2 \cdot (- 5x^2z^3) \cdot (- 2{,}5z^2y^3)$

23. Setze das richtige Zeichen (= oder ≠):

a) $3a^2 \cdot 3a^2$ ... $9a^2$
b) $(- xy) \cdot (- xy)$ ... x^2y^2
c) $-a \cdot (a \cdot 4b)$ ... $- 4a^2b$
d) $(+ 8m) \cdot (- 8m)$ ... 0
e) $(- 7p^2) \cdot (- 2pq)$ ... $14p^2q$
f) $(- 2fe) \cdot 2e^2f \cdot (- 2fe^2)$ ... $- 8e^5f^3$

12. Division von Termen (Produkten)

Terme aus Faktoren (Produkte) werden dividiert, indem man

- zuerst das Vorzeichen bestimmt;
- dann die Koeffizienten (Zahlen) dividiert oder in Form von Brüchen schreibt;
- schließlich die Variablen unter Beachtung der Potenzregeln kürzt:

$8xy : 4 = 2xy$
$15a^2b : (-3ab) = -5a$

$(-7p^4q^3) : (-4p^3q) = +\frac{7}{4}pq^2$

Beachte: Vorzeichenregeln beim Dividieren (wie beim Multiplizieren):

$(+) : (+) = (+)$ $\quad$ $(+) : (-) = (-)$
$(-) : (-) = (+)$ $\quad$ $(-) : (+) = (-)$

Bei der Division von Potenzen werden die Exponenten (Hochzahlen) subtrahiert:

$a^5 : a^2 = a^{5-2} = a^3$, denn $\underbrace{(a \cdot a \cdot a \cdot a \cdot a)}_{a^5} : \underbrace{(a \cdot a)}_{a^2} = a^3$.

24. Dividiere:

a) $18x^2 : (-3)$
b) $25x^3y : 5$
c) $(-6s^2t) : (-6s)$
d) $(-4a^2bc) : 8ac$
e) $5m^3n^2 : 3m^2n^2$
f) $3p^6q^5 : (-\frac{3}{2}p^2q^3)$

25. Entscheide dich für das richtige Zeichen (= oder ≠):

a) $4ax : 4ax$ ... 0
b) $10x^2 : (-2x^2)$ ... $-5x^2$
c) $-2uv : (-2v)$ ... u
d) $3x^2y^2 : 6xy$ ... $2xy$
e) $(-35s^4t) : 5s^3$ ... $-7st$
f) $2a^3b^3 : \frac{4}{3}ab^2$ ... $\frac{3}{2}a^2b$

13. Potenzieren von Termen (Produkten)

Ein Term aus Faktoren (Produkt) wird potenziert, indem man die einzelnen Faktoren potenziert:

$(3a)^2 = 3^2 \cdot a^2 = 3 \cdot 3 \cdot a \cdot a = 9a^2$
$(5a^2b)^3 = 5^3 \cdot (a^2)^3 \cdot b^3 = 5 \cdot 5 \cdot 5 \cdot a^2 \cdot a^2 \cdot a^2 \cdot b \cdot b \cdot b = 125a^6b^3$
$(-4xy^3)^3 = (-4)^3 \cdot x^3 \cdot (y^3)^3 = (-4) \cdot (-4) \cdot (-4) \cdot x \cdot x \cdot x \cdot y^3 \cdot y^3 \cdot y^3 = -64x^3y^9$

Beachte: Eine Potenz wird also potenziert, indem man die Exponenten multipliziert:

$(a^2)^3 = a^{2 \cdot 3} = a^6$

Aber: $5ab^3 = 5 \cdot a \cdot b \cdot b \cdot b$ (Der Exponent 3 bezieht sich nur auf b!)

26. Berechne:

a) $(8u)^2$
b) $(-5y)^2$
c) $(0{,}4ab)^2$
d) $(\frac{2}{3}p^2)^2$
e) $(-3st^2)^3$
f) $(7u^3v^4)^2$
g) $(-\frac{3}{4}p^3q^4)^3$

27. Vereinfache:

a) $(4s)^2 - (3s)^2$
b) $(-6x)^2 - 6x^2$
c) $(-6x)^2 - (6x)^2$
d) $11a^4b^6 + (3a^2b^3)^2$
e) $(-0{,}7pq)^2 - 0{,}13p^2q^2 + (-0{,}8qp)^2$
f) $-3 \cdot (x^2y^3z^4)^3$
g) $\frac{3}{4} \cdot (-\frac{5}{3}s^3t^4)^2$

14. Aufgaben mit Potenz-, Punkt- und Strichrechnung

Bei Aufgaben mit Potenzen, Klammern und verschiedenen Rechenzeichen ist es wichtig, eine bestimmte Reihenfolge einzuhalten:

Klammern *vor* Potenzrechnung *vor* Punktrechnung *vor* Strichrechnung.

1) $3 \cdot 4^2 \cdot x - 84x : 4 =$ (Potenzrechnung)
$3 \cdot 16 \cdot x - 84x : 4 =$ (Punktrechnung)
$48x - 21x =$ (Strichrechnung)
$27x$

2) $4 \cdot (2a)^2 + 3 \cdot (14a - 30a : 3)^2 =$ (Klammer: Punktrechnung)
$4 \cdot (2a)^2 + 3 \cdot (14a - 10a)^2 =$ (Klammer: Strichrechnung)
$4 \cdot (2a)^2 + 3 \cdot (4a)^2 =$ (Potenzrechnung)
$4 \cdot 4a^2 + 3 \cdot 16a^2 =$ (Punktrechnung)
$16a^2 + 48a^2 =$ (Strichrechnung)
$64a^2$

3) $x \cdot 5^2 - 3 \cdot [4x - (8x - 3x \cdot 6)] =$ (runde Klammer: Punktrechnung)
$x \cdot 5^2 - 3 \cdot [4x - (8x - 18x)] =$ (runde Klammer: Strichrechnung)
$x \cdot 5^2 - 3 \cdot [4x - (-10x)] =$ (Auflösung Minusklammer)
$x \cdot 5^2 - 3 \cdot [4x + 10x] =$ (eckige Klammer: Strichrechnung)
$x \cdot 5^2 - 3 \cdot 14x =$ (Potenzrechnung)
$x \cdot 25 - 3 \cdot 14x =$ (Punktrechnung; Zahl vor Variable)
$25x - 42x =$ (Strichrechnung)
$-17x$

28. Berechne unter Beachtung der richtigen Reihenfolge:

a) $8s \cdot 5t - 4t \cdot 7s$
b) $11uv + 15uv : 3 - 10u$
c) $-6y \cdot (-7y) - (54y : 9)^2$
d) $34a^2 - (2a + 18a : 6)^2 - (3a)^2$
e) $(-3u)^3 + 7u^2 \cdot (8u - 3 \cdot 2u)$
f) $25a^2x - 2a^2x \cdot 13 + x \cdot (21a^2 : 7a + 3a)^2$
g) $18x \cdot (50x - 10x \cdot 4) + 180x^2 : (-3)$
h) $14 \cdot (-2p)^2 - [(3q)^2 + 4q \cdot 1{,}5q] - 2 \cdot (5p)^2$
i) $-3 \cdot 5b^2 - [(8b - 2 \cdot 5b)^2 - (28b^2 : 4)]^2 + (6b)^2 : 4$

15. Test

29. Fasse zusammen:

a) $5a - 3b + 6a - 2a^2 - 4b$
b) $4x^2 + 11y^2 - 7x^2 - 7y^2 + 3x^2$
c) $10pq^2 - 2q^2 + 9pq - 2q^2 + 14pq^2 - 8pq$
d) $0{,}5xy + 0{,}3x - 0{,}8xy + 1{,}2x + 0{,}3xy$
e) $\frac{4}{9}u - \frac{2}{3}uv + \frac{5}{6}u + \frac{4}{9}uv - \frac{1}{3}uv$
f) $\frac{2}{7}ef - \frac{3}{5}ef^2 - \frac{1}{5}e^2f - \frac{4}{5}ef + \frac{5}{7}e^2f - \frac{6}{7}ef^2$

30. Multipliziere oder dividiere:

a) $7x \cdot 7y$
b) $15p \cdot (-3p)$
c) $(-24u^2) : (-6)$
d) $20e^3f^2 \cdot 0{,}4ef^2$
e) $72x^2y^4z^2 : 12y^3z$
f) $\frac{5}{3}uv : \frac{3}{5}v$

31. Berechne und vereinfache gegebenenfalls:

a) $(11ab)^2$
b) $(-4s^2t)^3$
c) $12p^2 - (5p)^2$
d) $(\frac{3}{2}y^2)^2 - \frac{5}{3}y^4$
e) $\frac{1}{8}e^2f^2 + (\frac{5}{4}ef)^2$

32. Löse zuerst die Klammern auf und fasse dann zusammen:

a) $18a^2 - (5a + 12a^2) + (3a - 4a^2)$
b) $(5x - 3y) - (-8xy + 3y + 5x)$
c) $13m^2 - [4m + (2n^2 - 6m^2) - (9n - 3m + 11m^2) - 8n^2] - 15n$
d) $7uv^3 - (2v)^3 - (3uv^3 \cdot 2 - v \cdot 6v^2)$
e) $-5 \cdot (\frac{3}{4}e^2)^2 - [\frac{7}{3}e^2 - (\frac{5}{8}e^4 - \frac{1}{6}e^2)]$

16. Multiplikation einer Summe mit einem Faktor

Wenn man Summen oder Differenzen multipliziert, so wird das Distributivgesetz $[a \cdot (b + c) = a \cdot b + a \cdot c]$ angewandt:

Eine Summe oder Differenz wird mit einem Faktor multipliziert, indem man den Faktor mit jedem Summanden der Klammer multipliziert und dabei die Rechenzeichen nach den Vorzeichenregeln der Multiplikation setzt.

Man bezeichnet dies auch als **Ausmultiplizieren der Klammer**:

$(2a + 5b) \cdot \mathbf{3} =$
$\mathbf{3} \cdot 2a + \mathbf{3} \cdot 5b =$
$6a + 15b$

$\mathbf{-6x^2} \cdot (4xy - 3x) =$
$\mathbf{-6x^2} \cdot 4xy \mathbf{- 6x^2} \cdot (-3x) =$
$-24x^3y + 18x^3$

Beachte: Das Multiplikationszeichen vor oder nach einer Klammer kann weggelassen werden.

33. Multipliziere aus:

a) $6 \cdot (3e - 7)$
b) $(-4) \cdot (2x + 8y)$
c) $(a^2 - 2a) \cdot a$
d) $(-5p^2) \cdot (-p + p^2)$
e) $(8x - 4y) \cdot (-\frac{3}{4}xy)$
f) $-8t^2 \cdot (-4t^2 + 5s^2t - 3s^2)$
g) $\frac{x}{2} \cdot (-6bx^2 + 2{,}8bx - 9b)$

34. Multipliziere zuerst die Klammern aus und fasse dann zusammen:

a) $8a + 3 \cdot (7a + 6b)$
b) $7 \cdot (4x - 8y) + 12x$
c) $9 \cdot (a + 2b) - 4 \cdot (4b - 5a)$
d) $3p \cdot (5 - 9q) + 2q \cdot (-8 + 12p)$
e) $4x^2 - 3x \cdot (4x + 5) + 4 \cdot (7x^2 - 5x)$
f) $-6 \cdot (4t + 2s) -13s + (15t - 5s) \cdot 2$
g) $0{,}5u \cdot (3 - u) + 0{,}7 \cdot (-u + u^2) - 0{,}4u \cdot (-u + 5)$

17. Multiplikation zweier Summen

Bei der Multiplikation zweier Summen wird jeder Summand der 1. Klammer mit jedem Summanden der 2. Klammer multipliziert und die entsprechenden Rechenzeichen nach den Vorzeichenregeln der Multiplikation gesetzt:

$(\mathbf{3u^2} + \boldsymbol{2}) \cdot (4u - 7v) =$
$\mathbf{3u^2} \cdot 4u + \mathbf{3u^2} \cdot (-7v) + \boldsymbol{2} \cdot 4u + \boldsymbol{2} \cdot (-7v) =$
$12u^3 - 21u^2v + 8u - 14v$

$(\mathbf{-5xy} + \boldsymbol{8x}) \cdot (-3x + 4xy - 7y) =$
$\mathbf{-5xy} \cdot (-3x) \mathbf{- 5xy} \cdot 4xy \mathbf{- 5xy} \cdot (-7y) + \boldsymbol{8x} \cdot (-3x) + \boldsymbol{8x} \cdot 4xy + \boldsymbol{8x} \cdot (-7y) =$
$15x^2y - 20x^2y^2 + 35xy^2 - 24x^2 + 32x^2y - 56xy$

Beachte: Steht ein Minus vor dem Produkt zweier Summen, so setzt man das Ergebnis der Multiplikation zunächst in Klammern. Mit dem Minuszeichen, welches noch vor der Klammer steht, kann nun die Klammer aufgelöst werden (siehe Kapitel 10):

$5a - (b + 4) \cdot (3 - c) =$
$5a - [b \cdot 3 + b \cdot (-c) + 4 \cdot 3 + 4 \cdot (-c)] =$
$5a - [3b - bc + 12 - 4c] =$
$5a - 3b + bc - 12 + 4c$

35. Multipliziere und fasse zusammen:

a) $(5 + s) \cdot (s - 4)$ b) $(2a - 6) \cdot (3a - 9)$
c) $(4x + 7y) \cdot (-4x - 7y)$ d) $(-b - 11) \cdot (7 - 3b)$
e) $(3a^2 + 7b^2) \cdot (-3b^2 + 2a^2)$ f) $(-0{,}5e + 0{,}7f) \cdot (0{,}5e + 0{,}7f)$
g) $(3uv^2 - 6u^2v) \cdot (-10u^2v + 20uv^2)$

36. Löse die Klammern auf und fasse wo möglich zusammen:

a) $(u + 3v) \cdot (3v - u) - (u - v)$
b) $4(z + 2) + (3z - 1) \cdot (z + 6)$
c) $(3x - 5) \cdot (2x - 7x^2 + 7)$
d) $(15a - 2b + 10) \cdot (3b - 2a) - 18b$
e) $(7m^2n^3 + mn^2) \cdot (4 - 5m) - 8m(9mn^3 - 3mn^2)$
f) $(4s - 3t) \cdot (-4s) - (10t - 15s) \cdot (-3s + 2t)$
g) $(3p + 4q) \cdot (-2q - 9p) - (8q - 2p) \cdot (5p + 5q)$

18. Die 1. binomische Formel

Mit Hilfe der sogenannten **binomischen Formeln** können die Ergebnisse folgender drei Multiplikationen sehr leicht errechnet werden:

$$(a + b)\cdot(a + b) \qquad (a - b)\cdot(a - b) \qquad (a + b)\cdot(a - b).$$

1. binomische Formel: $(\mathbf{a} + b)^2 = \mathbf{a}^2 + 2\cdot\mathbf{a}\cdot b + b^2$

Denn: $(\mathbf{a} + b)^2 = (\mathbf{a} + b)\cdot(\mathbf{a} + b) = \mathbf{a}^2 + \mathbf{a}\cdot b + b\cdot\mathbf{a} + b^2 = \mathbf{a}^2 + 2\mathbf{a}b + b^2$

Beispiel: a) $(\mathbf{7} + b)^2 = \mathbf{7}^2 + 2\cdot\mathbf{7}\cdot b + b^2 = 49 + 14b + b^2$

b) $(\mathbf{5x} + 3y)^2 = (\mathbf{5x})^2 + 2\cdot\mathbf{5x}\cdot 3y + (3y)^2 = 25x^2 + 30xy + 9y^2$

37. Berechne mit Hilfe der 1. binomischen Formel:

a) $(s + t)^2$
b) $(3 + a)^2$
c) $(m + 8)^2$
d) $(15 + p)^2$
e) $(4x + a)^2$
f) $(2y + 6x)^2$
g) $(9m + 6n)^2$
h) $(12u + 3v)^2$
i) $(10s + 10t)^2$
j) $(25a + 10x)^2$
k) $(20u + 12v)^2$
l) $(17p + 13q)^2$

38. Berechne ebenso:

a) $(11s + 0{,}3t)^2$
b) $(0{,}4a + 0{,}7b)^2$
c) $(0{,}9u + 2{,}5v)^2$
d) $(3{,}3x + y)^2$
e) $(\frac{3}{5}m + n)^2$
f) $(\frac{4}{7}m + \frac{3}{4}n)^2$
g) $(xy + z)^2$
h) $(4s^2t + 3t)^2$
i) $(8x^2y^2 + yz)^2$
j) $(0{,}8a^2b + 2{,}2ab^2)^2$
k) $(\frac{2}{3}ax + \frac{3}{4}y)^2$
l) $(\frac{1}{6}pq + \frac{5}{8}pr)^2$

19. Die 2. binomische Formel

Statt des Produktes zweier gleicher Summen gibt die 2. binomische Formel das Produkt zweier gleicher Differenzen an, wobei sich das Ergebnis im Vergleich zur 1. binomischen Formel nur durch das Minuszeichen vor dem mittleren Summanden unterscheidet:

2. binomische Formel: $(\mathbf{a} - b)^2 = \mathbf{a}^2 - 2\cdot\mathbf{a}\cdot b + b^2$

Denn: $(\mathbf{a} - b)^2 = (\mathbf{a} - b)\cdot(\mathbf{a} - b) = \mathbf{a}^2 - \mathbf{a}\cdot b - b\cdot\mathbf{a} + b^2 =$
$\mathbf{a}^2 - 2\mathbf{a}b + b^2$

Beispiel: a) $(\mathbf{x} - 9)^2 = \mathbf{x}^2 - 2\cdot\mathbf{x}\cdot 9 + 9^2 = x^2 - 18x + 81$
b) $(\mathbf{3u^2} - 8v)^2 = (\mathbf{3u^2})^2 - 2\cdot\mathbf{3u^2}\cdot\mathbf{8v} + (8v)^2 =$
$9u^4 - 48u^2v + 64v^2$

39. Berechne mit Hilfe der 2. binomischen Formel:

a) $(p - q)^2$
b) $(6 - u)^2$
c) $(s - 7)^2$
d) $(12 - m)^2$
e) $(5b - a)^2$
f) $(4x - 9y)^2$
g) $(8p - 7q)^2$
h) $(11a - 6b)^2$
i) $(13s - 10t)^2$
j) $(20m - 20n)^2$
k) $(30e - 15f)^2$
l) $(18u - 14v)^2$

40. Berechne ebenso:

a) $(0{,}5s - 6t)^2$
b) $(0{,}9x - 0{,}9y)^2$
c) $(1{,}5a - b)^2$
d) $(4{,}1x - 0{,}6y)^2$
e) $(\frac{3}{4}p - q)^2$
f) $(\frac{6}{5}e - \frac{2}{3}f)^2$
g) $(a - bc)^2$
h) $(8x - 8y^2z)^2$
i) $(2m^2n^2 - mn)^2$
j) $(0{,}6uv^2 - 1{,}6u^2v)^2$
k) $(\frac{4}{7}rs - \frac{7}{4}t)^2$
l) $(\frac{3}{5}e - \frac{5}{9}ef)^2$

20. Die 3. binomische Formel

Bei der 3. binomischen Formel wird das Produkt einer Summe und einer Differenz aus jeweils gleichen Summanden berechnet:

3. binomische Formel: $(\mathbf{a} + b)\cdot(\mathbf{a} - b) = \mathbf{a}^2 - b^2$

Denn: $(\mathbf{a} + b)\cdot(\mathbf{a} - b) = \mathbf{a}^2 - \mathbf{a}\cdot b + b\cdot\mathbf{a} - b^2 = \mathbf{a}^2 - b^2$

Beispiel: a) $(\mathbf{4} + p)\cdot(\mathbf{4} - p) = \mathbf{4}^2 - p^2 = 16 - p^2$

b) $(\mathbf{3x} - 7y^2)\cdot(\mathbf{3x} + 7y^2) = (\mathbf{3x})^2 - (7y^2)^2 = 9x^2 - 49y^4$

41. Berechne mit Hilfe der 3. binomischen Formel:

a) $(u + v)\cdot(u - v)$
b) $(e + 6)\cdot(e - 6)$
c) $(7 - a)\cdot(7 + a)$
d) $(10 - p)\cdot(10 + p)$
e) $(q + 6p)\cdot(q - 6p)$
f) $(5x + 9y)\cdot(5x - 9y)$
g) $(7e - 6f)\cdot(7e + 6f)$
h) $(10m - 3n)\cdot(10m + 3n)$
i) $(15s + 15t)\cdot(15s - 15t)$
j) $(12p - 10q)\cdot(12p + 10q)$
k) $(30x + 40y)\cdot(30x - 40y)$
l) $(18a - 5x)\cdot(18a + 5x)$

42. Berechne ebenso:

a) $(9x + 0{,}4y)\cdot(9x - 0{,}4y)$
b) $(0{,}8s - 7t)\cdot(0{,}8s + 7t)$
c) $(1{,}4m + 10n)\cdot(1{,}4m - 10n)$
d) $(0{,}7p - 0{,}6q)\cdot(0{,}7p + 0{,}6q)$
e) $(\frac{3}{8}e + f)\cdot(\frac{3}{8}e - f)$
f) $(\frac{1}{5}a - \frac{3}{4}b)\cdot(\frac{1}{5}a + \frac{3}{4}b)$
g) $(ax + y)\cdot(ax - y)$
h) $(6u^2v + 4v)\cdot(6u^2v - 4v)$
i) $(1{,}2p^2q - 1{,}2pq^2)\cdot(1{,}2p^2q + 1{,}2pq^2)$
j) $(\frac{3}{5}ax - \frac{4}{5}y)\cdot(\frac{3}{5}ax + \frac{4}{5}y)$

21. Vermischte Übungen

43. Multipliziere aus:

a) $7 \cdot (3p - 5)$
b) $-2b \cdot (3a^2 - 12ab)$
c) $(-7x + y - 9y^2) \cdot 4x$
d) $(8s + 5) \cdot (2 - 2t)$
e) $(1{,}5e - 0{,}3f) \cdot (1{,}4e - 0{,}6)$
f) $(u^2v^3 + 8w^2) \cdot (-3u - 5vw^2)$

44. Löse die Klammern auf und fasse dann zusammen:

a) $(8m + 3n) \cdot (2n - 4m)$
b) $(5z - 5) \cdot (9z + 6)$
c) $(0{,}6e + 0{,}4f) \cdot (-0{,}7e - 0{,}6f) + 0{,}3ef$
d) $(10 - 8x) \cdot (2x + 20) + (8 + 5x) \cdot (-4x - 7)$
e) $(\frac{3}{4}) \cdot (-12a + 8b) + (\frac{1}{5}a - 2) \cdot (10 + 5b)$
f) $(\frac{5}{7}u + \frac{2}{3}v) \cdot (\frac{1}{2}u - \frac{2}{5}v) + (\frac{2}{5}u - \frac{1}{3}v) \cdot (\frac{3}{7}u - \frac{3}{2}v)$

45. Wende die binomischen Formeln an:

a) $(8e^2 - 5f) \cdot (8e^2 + 5f)$
b) $(7m + 3n)^2$
c) $(\frac{1}{6}s + \frac{2}{9}t) \cdot (\frac{1}{6}s - \frac{2}{9}t)$
d) $(5ax - 2b)^2$
e) $(\frac{3}{7}a - \frac{2}{3}b)^2$
f) $(\frac{2}{5}xy + \frac{1}{4}x)^2$

46. Berechne mit Hilfe der binomischen Formeln und fasse dann zusammen:

a) $(2p - 3q)^2 + (4q + 5p)^2$
b) $(8m - n) \cdot (8m + n) - (m - 2n)^2$
c) $(10u^2 - 15v) \cdot (10u^2 + 15v) + (5u^2 - 15v)^2$
d) $(0{,}5x^2 - 0{,}2y^2)^2 - (0{,}9x^2 - 0{,}7y^2) \cdot (0{,}9x^2 + 0{,}7y^2)$

22. Test

47. Berechne:

a) $x \cdot (15 - 5x)$
b) $(s^2 + 4s) \cdot 4t$
c) $(3a + 5) \cdot (7 - 9a)$
d) $(pq^2 - r) \cdot (p^2q - r^2)$
e) $(6x - 7y + 8z) \cdot (3 - 2x)$

48. Multipliziere und fasse zusammen:

a) $(25e - 3f) \cdot (2f - 10e)$
b) $22pq + (4q + 6p) \cdot (-7p + q)$
c) $(1{,}5x - 2{,}5y) \cdot (- 4x - 6y) + 3x^2 \cdot (2 + y)$
d) $(\frac{2}{9}a + \frac{1}{4}b) \cdot (\frac{3}{4}a + \frac{1}{6}b) + (\frac{2}{3}a) \cdot (a - 3b)$

49. Wende die binomischen Formeln an:

a) $(7a + 7b)^2$
b) $(x^3y + z^2) \cdot (x^3y - z^2)$
c) $(4e^2 - 7f)^2$
d) $(\frac{4}{5}s - \frac{3}{4}t) \cdot (\frac{4}{5}s + \frac{3}{4}t)$
e) $(\frac{5}{6}n - \frac{3}{2}m^2n)^2$

50. Berechne mit Hilfe der binomischen Formeln und fasse dann zusammen:

a) $(7r - 3s)^2 + (4s + 7r)^2$
b) $(12a - 5b) \cdot (12a + 5b) + (6a - 4b)^2$
c) $(5x + 5y^2)^2 + (6x - 8y^2) \cdot (6x + 8y^2)$
d) $(9pq^2 - 7p) \cdot (9pq^2 + 7p) - (2pq^2 + 8p) \cdot (2pq^2 - 8p)$

23. Faktorisieren durch Ausklammern eines Faktors

Durch die Umkehrung des Distributivgesetzes [$ab + ac = a \cdot (b + c)$] lässt sich eine Summe in ein Produkt verwandeln. Man bezeichnet dies allgemein als **faktorisieren** und in diesem Fall als **ausklammern**. Man sucht einen Faktor aus, der in allen Summanden einer Summe oder Differenz vorkommt, und stellt ihn vor die Klammer. In der Klammer stehen dann die durch den Faktor dividierten Summanden:

$10ab + 15c =$
$\mathbf{5} \cdot 2ab + \mathbf{5} \cdot 3c =$
$\mathbf{5} \cdot (2ab + 3c)$

Erklärung:
Der größte gemeinsame Teiler von 10 und 15 ist 5.
In der Klammer steht dann $10ab:5 = 2ab$ bzw. $15c:5 = 3c$.

$27x^2y^2z - 45x^2y^2 + 18xy^3z^2 =$
$\mathbf{9xy^2} \cdot 3xz - \mathbf{9xy^2} \cdot 5x + \mathbf{9xy^2} \cdot 2yz^2$
$\mathbf{9xy^2} \cdot (3xz - 5x + 2yz^2)$

Erklärung:
Der größte gemeinsame Teiler von 27, 45 und 18 ist 9. Die gemeinsamen Variablen sind x und y^2. In der Klammer stehen dann die Ergebnisse der Divisionen durch $9xy^2$.

Durch das Ausmultiplizieren lässt sich kontrollieren, ob richtig ausgeklammert wurde.

Beachte: Ist der ausgeklammerte Faktor gleich einem Summanden, darf an dessen Stelle die Zahl 1 nicht vergessen werden:
$16s^2 - 4s = \mathbf{4s} \cdot 4s - \mathbf{4s} \cdot 1 = \mathbf{4s} \cdot (4s - 1)$.

51. Klammere gleiche Faktoren aus:

a) $7ab + 7c$
b) $12xy - 24x$
c) $18s^2 + 9st^2$
d) $x^2 + x$
e) $m^2n - mn^2 - m^2n^2$
f) $-6a^2x^2 - 9ax^2 + 12a^3x^3$
g) $\frac{1}{2}x^2 - \frac{1}{4}x^3$

52. Welcher Faktor wurde ausgeklammert?

a) $75xy - 150x^2y - 175xy^2 = \dots\dots (3 - 6x - 7y)$
b) $2p - 4p^2 - 8p^3 = \dots\dots (1 - 2p - 4p^2)$
c) $5{,}5s^2 + 3{,}3s^4 + 7{,}7s^3 = \dots\dots (5 + 3s^2 + 7s)$
d) $-\frac{1}{3}pq - \frac{2}{9}p^2 = \dots\dots (3q + 2p)$

24. Faktorisieren durch Ausklammern einer Summe

Manchmal gelingt es nicht sofort, eine Summe in ein Produkt zu verwandeln. Man muss dann zuerst gemeinsame Faktoren aus einem Teil der Summanden ausklammern, um anschließend erneut auszuklammern, so dass letztendlich ein Produkt aus zwei Summen entsteht:

$5p + 5q + ap + aq =$
$\mathbf{5}\cdot(p + q) + \mathbf{a}\cdot(p + q) =$
$\mathbf{(p + q)}\cdot(5 + a)$

Erklärung:
Aus jeweils 2 Summanden wird ein Faktor (5 bzw. a) ausgeklammert. Schließlich wird die gemeinsame Summe (p + q) ausgeklammert.

$4x^2y^2 - 4x^2 + y^2 - 1 =$
$\mathbf{4x^2}\cdot(y^2 - 1) + \mathbf{1}\cdot(y^2 - 1) =$
$\mathbf{(y^2 - 1)}\cdot(4x^2 + 1)$

Erklärung:
Aus jeweils 2 Summanden wird ein Faktor ($4x^2$ bzw 1) ausgeklammert. Schließlich wird die gemeinsame Summe ($y^2 - 1$) ausgeklammert.

53. Verwandle durch zweimaliges Ausklammern in ein Produkt:

a) $xy + xz + 4y + 4z$
b) $7s - 21t + s^2 - 3st$
c) $9b^2 - 18b + 5b - 10$
d) $ab + a - b^2 - b$
e) $cx + c + x + 1$
f) $9mp - 6mq + 24np - 16nq$

54. Schreibe als Produkt zweier Summen:

a) $9tu - 15tv + 21t^2u - 35t^2v$
b) $3a -12 - 15a^3 + 60a^2$
c) $2a^3 - 3a^2b + 6ab - 9b^2$
d) $2u^3 - 3u^2v - 6uv + 9v^2$

Hinweis: Klammere im Folgenden zunächst je 3 Summanden aus!

e) $3a + ax + 5ab + 6c + 2cx + 10bc$
f) $6a - 3a^2 - 15ab + 4c - 2ac - 10bc$

25. Faktorisieren mit Hilfe der 1. binomischen Formel

Auch durch die Umkehrung der binomischen Formeln gelingt es, geeignete Summen oder Differenzen in Produkte zu verwandeln. Um die 1. binomische Formel $[a^2 + 2ab + b^2 = (a + b)^2 = (a + b) \cdot (a + b)]$ anwenden zu können, müssen zwei quadratische Termteile $[a^2$ bzw. $b^2]$ und der dazugehörige mittlere Termteil [2ab] vorhanden sein.

Beispiel: a) $\mathbf{25x^2} + 80xy + \mathit{64y^2} =$
$(\mathbf{5x})^2 + 2 \cdot \mathbf{5x} \cdot \mathit{8y} + (\mathit{8y})^2 =$
$(\mathbf{5x} + \mathit{8y})^2$

b) $\mathbf{p^2} + pq + \mathit{0{,}25q^2} =$
$\mathbf{p}^2 + 2 \cdot \mathbf{p} \cdot \mathit{0{,}5q} + (\mathit{0{,}5q})^2 =$
$(\mathbf{p} + \mathit{0{,}5q})^2$

Beachte: Manchmal ist es möglich, dass der mittlere Termteil nicht „passt“, dann lässt sich die Summe nicht faktorisieren:

$$4a^2 + 8ab + 16b^2 \neq (2a + 4b)^2, \text{ da } 2 \cdot 2a \cdot 4b = 16ab.$$

55. Ersetze die Lücken in deinem Heft:

a) $a^2 + 6ax + 9x^2 = (... + 3x)^2$
b) $81p^2 + 36pq + 4q^2 = (... + 2q)^2$
c) $64m^2 + ... + n^2 = (8m + n)^2$
d) $9u^2 + ... + 49 = (3u + ...)^2$
e) $\frac{4}{9}s^2 + \frac{4}{3}st + t^2 = (... + t)^2$
f) $... + \frac{3}{10}ef + \frac{9}{25}f^2 = (\frac{1}{4}e + ...)^2$

56. Faktorisiere mit Hilfe der 1. binomischen Formel:

a) $36a^2 + 48a + 16$
b) $100u^2 + 140uv + 49v^2$
c) $1 + 26x + 169x^2$
d) $0{,}16p^2 + 0{,}24pq + 0{,}09q^2$
e) $\frac{4}{9}e^2 + \frac{16}{21}ef + \frac{16}{49}f^2$

26. Faktorisieren mit Hilfe der 2. binomischen Formel

Um die 2. binomische Formel [$a^2 - 2ab + b^2 = (a - b)^2 = (a - b)\cdot(a - b)$] anwenden zu können, müssen ebenfalls zwei quadratische Termteile [a^2 bzw. b^2] und der dazugehörige mittlere Termteil [$2ab$] – aber mit negativem Vorzeichen – vorhanden sein.

Beispiel: a) $\mathbf{16a^2} - 80ab + \mathit{100b^2} =$
$(\mathbf{4a})^2 - 2\cdot\mathbf{4a}\cdot\mathit{10b} + (\mathit{10b})^2 =$
$(\mathbf{4a} - \mathit{10b})^2$

b) $\mathbf{s^2} - 3st + \mathit{2{,}25t^2} =$
$\mathbf{s}^2 - 2\cdot\mathbf{s}\cdot\mathit{1{,}5t} + (\mathit{1{,}5t})^2 =$
$(\mathbf{s} - \mathit{1{,}5t})^2$

57. Ersetze die Lücken in deinem Heft:

a) $4x^2 - 24x + 36 = (2x - ...)^2$
b) $49a^2 - 56ab + 16b^2 = (... - 4b)^2$
c) $121e^2 - ... + 9f^2 = (11e - 3f)^2$
d) $64p^2 - ... + 144 = (8p - ...)^2$
e) $\frac{1}{4}x^2 - xy + y^2 = (... - y)^2$
f) $... - \frac{4}{5}u + \frac{36}{25} = (\frac{1}{3}u - ...)^2$
g) $\frac{16}{81}s^2 - ... + \frac{49}{64}t^2 = (... - ...)^2$

58. Faktorisiere mit Hilfe der 2. binomischen Formel:

a) $81p^2 - 90p + 25$
b) $196a^2 - 224ab + 64b^2$
c) $225u^2 - 330uv + 121v^2$
d) $0{,}36m^2 - 1{,}2mn + n^2$
e) $a^2b^2 - 14abc + 49c^2$
f) $\frac{9}{25}e^2 - \frac{36}{35}ef + \frac{36}{49}f^2$
g) $\frac{121}{169}e^2 - \frac{11}{13}ef + \frac{1}{4}f^2$

27. Faktorisieren mit Hilfe der 3. binomischen Formel

Für die Anwendung der 3. binomischen Formel [$a^2 - b^2 = (a + b) \cdot (a - b)$] muss die Differenz zweier Quadrate vorhanden sein.

Beispiel: a) $\mathbf{49x^2} - 81y^2 =$
$(\mathbf{7x})^2 - (9y)^2 =$
$(\mathbf{7x} + 9y) \cdot (\mathbf{7x} - 9y)$

b) $\mathbf{144u^2} - v^2 =$
$(\mathbf{12u})^2 - v^2 =$
$(\mathbf{12u} + v) \cdot (\mathbf{12u} - v)$

59. Ersetze die Lücken in deinem Heft:

a) $9a^2 - 16 = (... + 4) \cdot (... - 4)$
b) $25p^2 - 49q^2 = (5p - ...) \cdot (5p + ...)$
c) $x^2 - 169y^2 = (x - ...) \cdot (x + ...)$
d) $1 - 100m^2 = (... + 10m) \cdot (... - 10m)$
e) $0{,}81u^2 - 1{,}96v^2 = (0{,}9u + ...) \cdot (0{,}9u - ...)$
f) $a^4b^2 - 2{,}25b^2 = (... - 1{,}5b) \cdot (... + 1{,}5b)$
g) $\frac{16}{36}s^2 - \frac{64}{49}t^2 = (\frac{4}{6}s + ...) \cdot (\frac{4}{6}s - ...)$
h) $\frac{9}{49}e^4f^2 - f^4 = (... - f^2) \cdot (... + f^2)$

60. Faktorisiere mit Hilfe der 3. binomischen Formel:

a) $36m^2 - n^2$
b) $1 - 169p^2$
c) $400u^2 - 100v^2$
d) $0{,}16s^2 - 196t^2$
e) $0{,}04a^2 - 1{,}21b^2$
f) $x^4y^4 - x^2y^4$
g) $\frac{25}{81}e^2 - 144f^2$
h) $\frac{9}{64}p^2 - 2{,}25p^2q^2$

28. Vermischte Übungen

In einigen Fällen kann es vorkommen, dass Summen oder Differenzen nur durch das Ausklammern **und** die Anwendung der binomischen Formeln in Produkte verwandelt (faktorisiert) werden können.

Beispiel: a) $8x^2 - 40xy + 50y^2 = 2\cdot(4x^2 - 20xy + 25y^2) = 2\cdot(2x - 5y)^2$

b) $3p^2q - 48q^3 = 3q\cdot(p^2 - 16q^2) = 3q\cdot(p + 4q)\cdot(p - 4q)$

61. Klammere den größtmöglichen Faktor aus, so dass du ein Produkt erhältst:

a) $4xy + 12x$ b) $5u - 30u^2$

c) $24a^2bc^2 - 36ab^2c^2 + 18a^2b^2c$ d) $\frac{1}{2}m + 2m^2n^2$

e) $\frac{1}{4}rst + \frac{3}{8}rt - \frac{3}{4}r^2st^2$

Hinweis: Ein weiterer Rechenschritt ist notwendig, um ein Produkt zu erhalten:

f) $7x^2 - 21x^3 + 2y - 6xy$ g) $6uv + 15u^2 - 8v^2 - 20uv$

62. Faktorisiere mit Hilfe der binomischen Formeln:

a) $16a^2 - 88ab + 121b^2$ b) $49r^2 - 81$

c) $x^4y^6 + 2x^3y^3 + x^2$ d) $121s^2t^2 - 169s^4$

e) $\frac{16}{81}p^2 - \frac{8}{3}p + 9$ f) $\frac{144}{169}p^4 + \frac{30}{13}p^2q + \frac{25}{16}q^2$

63. Faktorisiere durch Ausklammern und mit Hilfe der binomischen Formeln:

a) $2m^2 - 12mn + 18n^2$ b) $80a^2 - 45b^2$

c) $4a^3 + 40a^2b + 100ab^2$ d) $50x^3 + 160x^2 + 128x$

e) $\frac{3}{4}e^3 - \frac{3}{9}ef^2$

29. Test

64. Klammere so weit wie möglich aus:

a) $18x^2 - 27x$
b) $22a^2b^2 - 55ab^2 + 33a^2b$
c) $15r^4s^2t^3 + 25r^2s^4t^4 - 35r^3s^3t^2$
d) $\frac{1}{5}p^3 + \frac{3}{5}p^2 + \frac{7}{10}p$
e) $4u^3 - 10u^2 + 6uv - 15v$
f) $ac + bc - a - b$

65. Faktorisiere, falls möglich, mit Hilfe der binomischen Formeln:

a) $16a^2 + 25b^2$
b) $64s^2 - 121$
c) $0{,}49x^2 - 0{,}81y^2$
d) $9u^2 + 80uv + 100v^2$
e) $p^2 - 4pq + 4pq^2$
f) $\frac{100}{121}e^4f^2 - \frac{25}{64}f^2$

66. Übertrage ins Heft und setze das richtige Zeichen (= oder ≠):

a) $16 + x^2 \ldots (4 + x)^2$
b) $49u^2 - 70u + 25 \ldots (7u - 5)^2$
c) $48ab + 9b^2 + 64a^2 \ldots (8a + 3b)^2$
d) $5a^2 - 50ab + 125b^2 \ldots 5\cdot(a - 5b)^2$
e) $\frac{1}{9}r^4 - \frac{25}{49}r^3q^4 \ldots (\frac{1}{3}r^2 + \frac{5}{7}rq^2)\cdot(\frac{1}{3}r^2 - \frac{5}{7}rq^2)$

67. Faktorisiere durch Ausklammern und mit Hilfe der binomischen Formeln:

a) $27p^2 + 18p + 3$
b) $7c^3 - 28c$
c) $2x^4y^2z - 1{,}6x^2yz + 0{,}32z$
d) $5a^4b + \frac{20}{3}a^2b^2 + \frac{20}{9}b^3$

30. Definitionsmenge von Bruchtermen

Terme, die im Nenner eine Variable enthalten, heißen **Bruchterme**, z. B.:

$$\frac{4}{x} \qquad \frac{7y}{2y - 6} \qquad \frac{a + 5}{3a^2} \qquad \frac{9x^2 - x}{x(x+3x)^2}$$

Von besonderer Wichtigkeit ist bei Bruchtermen die **Definitionsmenge**, also die Menge der Zahlen, welche für die Variablen eingesetzt werden dürfen. Da man durch Null nicht dividieren kann, müssen alle Zahlen ausgeschlossen werden, für die der Nenner den Wert Null annimmt.

$\frac{5}{8y}$ $\quad D = Q \setminus \{0\}$ Erklärung: Nur für $y = 0$ ergibt der Nenner Null, denn nur $8 \cdot 0 = 0$.

$\frac{7a}{2a - 6}$ $\quad D = Q \setminus \{3\}$ Erklärung: Der Nenner hat den Wert Null, wenn $2a - 6 = 0$. Man löst nach der Variablen auf, also $2a = 6$ bzw. $a = 3$. Somit muss die Zahl 3 ausgeschlossen werden.

$Q \setminus \{3\}$ bedeutet in Worten: Die Definitionsmenge ist gleich der Menge der rationalen Zahlen ohne die Drei.

68. Bestimme die Definitionsmenge:

a) $\frac{9}{x}$ b) $\frac{5 - y}{4y}$

c) $\frac{7}{s + 5}$ d) $\frac{3a - 8}{6}$

e) $\frac{13 - 2x}{2 - 2x}$ f) $\frac{18z}{4z - 6}$

g) $\frac{7}{7 - 3y}$ h) $\frac{9s^2 - 5s}{- 5 - 2s}$

31. Definitionsmenge von Bruchtermen (Fortsetzung)

Um die Definitionsmenge von Bruchtermen zu bestimmen, ist es häufig sinnvoll, den Nenner als Produkt zu schreiben (z. B. durch Ausklammern oder durch Anwendung einer binomischen Formel). Es gilt nämlich die Regel:

Ein **Produkt** $a \cdot b$ ist **Null**, wenn entweder a oder b Null ist.

Man muss daher die Zahlen ausschließen, durch welche die einzelnen Faktoren Null ergeben:

$\frac{7}{x^2 - 3x}$ $D = Q \setminus \{0; 3\}$

Erklärung: Durch Ausklammern erhält man $x \cdot (x - 3)$. Dieses Produkt ist Null, wenn $x = 0$ oder $x - 3 = 0$ bzw. $x = 3$ ist.

$\frac{2a - 3}{9a^2 - 16}$ $D = Q \setminus \{\frac{4}{3}; -\frac{4}{3}\}$

Erklärung: Durch Anwendung der 3. binomischen Formel ergibt $9a^2 - 16 = (3a + 4) \cdot (3a - 4)$.
Dies Produkt ist Null, wenn $3a + 4 = 0$ bzw. $a = -\frac{4}{3}$ ist oder wenn $3a - 4 = 0$ bzw. $a = \frac{4}{3}$ ist.

$\frac{3u + 5u^2}{12u^2 - 60 + 75}$ $D = Q \setminus \{\frac{5}{2}; -\frac{5}{2}\}$

Erklärung: Durch Ausklammern und Anwendung der 2. binomischen Formel erhält man $3 \cdot (4u^2 - 20 + 25) = 3 \cdot (2u - 5) \cdot (2u - 5)$. Das Produkt ist Null für $u = \frac{5}{2}$.

69. Bestimme die Definitionsmenge:

a) $\frac{3x}{x^2 + 5x}$

b) $\frac{2 - y}{7y^2 - 14y}$

c) $\frac{5a - 3}{3a - 2a^2}$

d) $\frac{11y - 8}{y^2 - 49}$

e) $\frac{4}{25z^2 + 40z + 16}$

f) $\frac{7s^2 - 20}{45s^2 - 20}$

g) $\frac{15a}{- 4a^2 - 4a - 1}$

32. Kürzen von Bruchtermen

Beim Kürzen von Bruchtermen dividiert man **Zähler und Nenner durch denselben Term**. Weil man innerhalb von Summen und Differenzen nicht kürzen darf, müssen sie zuvor in Produkte verwandelt werden (durch Ausklammern oder Anwendung der binomischen Formeln). Dann sucht man nach gemeinsamen Teilern von Zähler und Nenner:

a) $\frac{36x^2y}{24x} = \frac{36 \cdot x \cdot x \cdot y \quad \mathbf{:12x}}{24 \cdot x \quad \mathbf{:12x}} = \frac{3xy}{2}$

b) $\frac{5ab^2 - a^2b}{15ab - 3a^2} = \frac{ab \cdot (5b - a) \quad \mathbf{:a \cdot (5b - a)}}{3a \cdot (5b - a) \quad \mathbf{:a \cdot (5b - a)}} = \frac{b}{3}$

c) $\frac{2u^2 + 16u + 32}{u^2 - 16} = \frac{2 \cdot (u^2 + 8u + 16)}{(u + 4) \cdot (u - 4)} =$

$\frac{2(u + 4)^2 \quad \mathbf{: (u + 4)}}{(u + 4) \cdot (u - 4) \mathbf{: (u + 4)}} = \frac{2 \cdot (u + 4)}{u - 4}$

Beachte: Terme wie $\frac{7}{x + 7}$; $\frac{3x + 4}{x + 4}$; $\frac{x^2 + 5^2}{x + 5}$ kann man **nicht kürzen**!

70. Kürze, wenn möglich:

a) $\frac{5 + x}{10 + x}$

b) $\frac{14x}{21x^2}$

c) $\frac{60x^2y^2}{75xy^3}$

d) $\frac{3s^2t - 6st^2}{s^2 - 2st}$

e) $\frac{a^2 - 2ab}{4a^3 - 8a^2b}$

f) $\frac{x + 4}{x^2 + 8x + 16}$

g) $\frac{u^2 - 25}{u^2 - 10u + 25}$

h) $\frac{9a^2 - 49b^2}{6a^2 - 14ab}$

33. Erweitern von Bruchtermen

Beim Erweitern von Bruchtermen multipliziert man **Zähler und Nenner mit demselben Term**. Dabei ist zu beachten, dass Summen oder Differenzen in Klammern gesetzt werden:

a) $\frac{5}{3x} = \frac{5 \cdot \mathbf{(2 + x)}}{3x \cdot \mathbf{(2 + x)}} = \frac{5 \cdot 2 + 5 \cdot x}{3x \cdot 2 + 3x \cdot x} = \frac{10 + 5x}{6x + 3x^2}$

b) $\frac{4 - a}{a + 3} = \frac{(4 - a) \cdot \mathbf{(a - 3)}}{(a + 3) \cdot \mathbf{(a - 3)}} = \frac{4 \cdot a - 4 \cdot 3 - a \cdot a + 3 \cdot a}{a^2 - 9} = \frac{7a - 12 - a^2}{a^2 - 9}$

Oft ist es jedoch notwendig, einen Nenner auf einen vorgegebenen Nenner bzw. auf den sogenannten Hauptnenner (kleinster gemeinsamer Nenner von zwei oder mehreren Bruchtermen) zu erweitern. Dafür sucht man den Erweiterungsfaktor:

a) $\frac{3}{5a}$ soll auf den Nenner $10a^2b$ erweitert werden:

Erweiterungsfaktor: $10a^2b : 5a = 2ab$

$$\frac{3}{5a} = \frac{3 \cdot \mathbf{2ab}}{5a \cdot \mathbf{2ab}} = \frac{6ab}{10a^2b}$$

b) $\frac{4x}{3 - 2x}$ soll auf den Nenner $9 - 4x^2 = (3 - 2x) \cdot (3 + 2x)$ erweitert werden:

Erweiterungsfaktor: $(3 + 2x)$

$$\frac{4x}{3 - 2x} = \frac{4x \cdot \mathbf{(3 + 2x)}}{(3 - 2x) \cdot \mathbf{(3 + 2x)}} = \frac{12x + 8x^2}{9 - 4x^2}$$

71. Erweitere die Bruchterme:

a) $\frac{4}{7 - y}$ mit $3y$ b) $\frac{5s + 4}{8 - 3s}$ mit $- 2s$

72. Bringe die Bruchterme auf den vorgegebenen Nenner:

a) $\frac{2 - a}{7a}$ auf den Nenner: $21a^2b^2$

b) $\frac{y}{y + 2}$ auf den Nenner: $y^2 + 2y$

c) $\frac{3 + 4u}{2u + 5}$ auf den Nenner: $4u^2 - 25$

34. Erweitern von Bruchtermen auf den Hauptnenner

Für die Addition bzw. Subtraktion ist es erforderlich, die Bruchterme auf den Hauptnenner zu erweitern. Zu diesem Zweck wird das kleinste gemeinsame Vielfache der vorhandenen Nenner gesucht: Man zerlegt zuerst die Nenner vollständig in (Prim-)Faktoren und nimmt dann jeden Faktor höchstens so oft, wie er in **einer** Nennerzerlegung vorkommt.

Beispiel: $\frac{7}{8x}$ und $\frac{5-x}{12x^2}$ auf den Hauptnenner erweitern:

$8x = 2 \cdot 2 \cdot 2 \cdot x$

$12x^2 = 2 \cdot 2 \cdot 3 \cdot x \cdot x$

HN: $2 \cdot 2 \cdot 2 \cdot 3 \cdot x \cdot x = 24x^2$

Erweiterungsfaktoren:

$24x^2 : 8x = \mathbf{3x}$ bzw. $24x^2 : 12x^2 = \mathbf{2}$

Dann wird aus

$$\frac{7}{8x} = \frac{7 \cdot \mathbf{3x}}{8x \cdot \mathbf{3x}} = \frac{21x}{24x^2}$$

$$\frac{5-x}{12x^2} = \frac{(5-x) \cdot \mathbf{2}}{12x^2 \cdot \mathbf{2}} = \frac{10-2x}{24x^2}$$

73. Erweitere die Bruchterme auf den Hauptnenner:

a) $\frac{7}{4x}$ und $\frac{9}{20x}$

b) $\frac{4}{3a}$ und $\frac{3}{9a^2}$

c) $\frac{y-2}{15y^2}$ und $\frac{y}{5y^3}$

d) $\frac{3x}{28x}$ und $\frac{6-5x}{21x}$

e) $\frac{2b-3}{b^2}$ und $\frac{2b+6}{8b}$

f) $\frac{7-5z}{45x^2z}$ und $\frac{z^2-6}{75xz^2}$

g) $\frac{8x+4}{36x^2y^3}$ und $\frac{1+9x}{60x^3y^2}$

35. Erweitern von Bruchtermen auf den Hauptnenner (Fortsetzung)

Beim Bestimmen des Hauptnenners von Bruchtermen muss eine Summe oder Differenz im Nenner als **ein** Faktor gesehen werden oder, falls möglich, in ein Produkt verwandelt werden, z. B.:

a) $\frac{3}{4-x}$ und $\frac{2x}{x^2}$ auf Hauptnenner erweitern:

$4 - x = \quad (4 - x)$

$x^2 \quad = x \cdot x$

HN: $x \cdot x \cdot (4 - x) = x^2 \cdot (4 - x)$

$$\frac{3}{4-x} = \frac{3 \,\mathbf{\cdot x^2}}{(4-x)\,\mathbf{\cdot x^2}} = \frac{3x^2}{x^2(4-x)}; \quad \frac{2x}{x^2} = \frac{2x \,\mathbf{\cdot(4-x)}}{x^2 \,\mathbf{\cdot(4-x)}} = \frac{8x - 2x^2}{x^2 \cdot (4-x)}$$

b) $\frac{4-a}{7a^2 - 14a}$, $\frac{3}{2a}$ und $\frac{6a^2}{5a - 10}$ auf Hauptnenner erweitern:

$7a^2 - 14a = 7 \cdot \quad a \cdot (a - 2)$

$2a \quad = \quad 2 \cdot \quad a$

$5a - 10 \quad = \quad 5 \cdot \quad (a - 2)$

HN: $7 \cdot 2 \cdot 5 \cdot a \cdot (a - 2) = 70a^2 - 140a$

$$\frac{4-a}{7a^2 - 14a} = \frac{(4-a) \,\mathbf{\cdot 2 \cdot 5}}{7a \cdot (a-2) \,\mathbf{\cdot 2 \cdot 5}} = \frac{40 - 10a}{70a^2 - 140a}$$

$$\frac{3}{2a} = \frac{3 \,\mathbf{\cdot 7 \cdot 5 \cdot (a-2)}}{2a \,\mathbf{\cdot 7 \cdot 5 \cdot (a-2)}} = \frac{105a - 210}{70a^2 - 140a}$$

$$\frac{6a}{5a - 10} = \frac{6a \,\mathbf{\cdot 7 \cdot 2 \cdot a}}{5 \cdot (a-2) \,\mathbf{\cdot 7 \cdot 2 \cdot a}} = \frac{98a^2}{70a^2 - 140a}$$

74. Erweitere die Bruchterme auf den Hauptnenner:

a) $\frac{5}{2a}$ und $\frac{7a}{a + 3}$

b) $\frac{1}{5y - 5}$ und $\frac{1}{7y - 7}$

c) $\frac{5}{4x - 12}$ und $\frac{6}{x+3}$

d) $\frac{4}{s + s^2}$ und $\frac{12}{8 + 8s}$

e) $\frac{b^2}{b^2 - 1}$ und $\frac{4}{3b + 3}$

f) $\frac{u + 3}{9u^2 - 4}$ und $\frac{5u - 2}{9u^2 + 12u + 4}$

36. Addition/Subtraktion von Bruchtermen mit gleichen Nennern

Bruchterme mit gleichen Nennern werden addiert bzw. subtrahiert, indem man die Zähler addiert bzw. subtrahiert und den gemeinsamen Nenner beibehält. Eventuell kann dann noch gekürzt werden, z. B.:

$$\frac{7}{x+3} + \frac{3x+2}{x+3} = \frac{7+3x+2}{x+3} = \frac{9+3x}{x+3} = \frac{3\cdot(3+x)}{x+3} = \frac{3\cdot(x+3)}{x+3} = 3$$

Beachte: Wird ein Bruchterm subtrahiert, der im Zähler aus einer Summe oder Differenz besteht, so muss man diesen Zähler in Klammern setzen:

$$\frac{2+9b}{4b} - \frac{5b-3}{4b} = \frac{2+9b-(5b-3)}{4b} = \frac{5+4b}{4b}$$

75. Addiere oder subtrahiere die folgenden Bruchterme:

a) $\frac{3}{y} + \frac{5}{y}$

b) $\frac{4}{3a} - \frac{7}{3a}$

c) $\frac{4}{b-5} - \frac{4}{b-5}$

d) $\frac{2x-5}{x+1} + \frac{2x+5}{x+1}$

e) $\frac{5x-3}{4x+3} + \frac{9+x}{4x+3}$

f) $\frac{7z+4}{z^2-2} + \frac{4-7z}{z^2-2}$

g) $\frac{5s}{3s-4} + \frac{6}{3s-4} - \frac{5s+6}{3s-4}$

h) $\frac{1}{1-2u} - \frac{4u^2}{1-2u}$

i) $\frac{3a^2+4a-5}{2a-3} - \frac{5a^2+a-5}{2a-3}$

j) $\frac{2q^2-9}{5q-15} + \frac{14-10q+3q^2}{5q-15} - \frac{5-7q+4q^2}{5q-15}$

37. Addition/Subtraktion von Bruchtermen mit verschiedenen Nennern

Bruchterme mit verschiedenen Nennern werden addiert bzw. subtrahiert, indem man sie zuerst auf den Hauptnenner erweitert und dann die Zähler addiert bzw. subtrahiert:

a) $\frac{3}{2a} + \frac{a+2}{5a} = \frac{3 \cdot \mathbf{5}}{2a \cdot \mathbf{5}} + \frac{(a+2) \cdot \mathbf{2}}{5a \cdot \mathbf{2}} = \frac{15}{10a} + \frac{2a+4}{10a} =$

$\frac{15 + 2a + 4}{10a} = \frac{19 + 2a}{10a}$

b) $\frac{x-2}{6x^2} - \frac{3+2x}{8x} + 2 = \frac{(x-2) \cdot \mathbf{4}}{6x^2 \cdot \mathbf{4}} - \frac{(3+2x) \cdot \mathbf{3x}}{8x \cdot \mathbf{3x}} + \frac{2 \cdot \mathbf{24x^2}}{1 \cdot \mathbf{24x^2}} =$

$\frac{4x-8}{24x^2} - \frac{9x+6x^2}{24x^2} + \frac{48x^2}{24x^2} = \frac{4x - 8 - 9x - 6x^2 + 48x^2}{24x^2} = \frac{-5x - 8 + 42x^2}{24x^2}$

76. Addiere bzw. subtrahiere die folgenden Bruchterme:

a) $\frac{1}{2x} - \frac{3}{10x}$

b) $\frac{2-4y}{y^2} + \frac{4}{y}$

c) $\frac{s+1}{5s} - \frac{s+1}{4s}$

d) $\frac{5a-3b}{3a} - \frac{5b-3a}{3b}$

e) $\frac{6u-7}{12u} + \frac{2-3u}{5u}$

f) $\frac{3x^2-7x}{8x^2} - \frac{4-8x}{9x}$

g) $\frac{8-b}{2b} + 1$

h) $5 + \frac{y^2-3}{4y^2}$

i) $\frac{5}{3x} - \frac{3+6x}{4x^2} + \frac{5x-x^2}{8x^3}$

j) $z - \frac{12-9z}{3z} + \frac{4-2z}{2z}$

38. Addition/Subtraktion von Bruchtermen mit verschiedenen Nennern (Fortsetzung)

Summen oder Differenzen im Nenner müssen in Produkte verwandelt werden, um den Hauptnenner zu finden, z. B.:

$$\frac{3s}{4s - 10t} - \frac{s + 4}{6s - 15t} + \frac{s^2 + 3s}{4s^2 - 20st + 25t^2}$$

$$\begin{array}{ll} 4s - 10t & = 2\cdot\ \ (2s - 5t) \\ 6s - 15t & = \ \ 3\cdot(2s - 5t) \\ \underline{4s^2 - 20st + 25t^2} & \underline{= \qquad (2s - 5t)\cdot(2s - 5t)} \\ \textbf{HN:} & = 2\cdot 3\cdot(2s - 5t)\cdot(2s - 5t) \end{array}$$

$$\frac{3s \qquad \mathbf{\cdot 3\cdot(2s - 5t)}}{2\cdot(2s - 5t)\ \mathbf{\cdot 3\cdot(2s - 5t)}} - \frac{(s + 4) \qquad \mathbf{\cdot 2\cdot(2s - 5t)}}{3\cdot(2s - 5t)\ \mathbf{\cdot 2\cdot(2s - 5t)}} +$$

$$\frac{(s^2 + 3s) \qquad \mathbf{\cdot 3\cdot 2}}{(2s - 5t)\cdot(2s - 5t)\ \mathbf{\cdot 3\cdot 2}} = \frac{9s\cdot(2s - 5t)}{6\cdot(2s - 5t)^2} - \frac{(2s + 8)\cdot(2s - 5t)}{6\cdot(2s - 5t)^2} +$$

$$\frac{6\cdot(s^2 + 3s)}{6\cdot(2s - 5t)^2} = \frac{18s^2 - 45st - 4s^2 + 10st - 16s + 40t + 6s^2 + 18s}{6\cdot(2s - 5t)^2} =$$

$$\frac{20s^2 - 35st + 2s + 40t}{6\cdot(2s - 5t)^2}$$

77. Addiere die folgenden Bruchterme:

a) $\frac{5}{4a + 4b} + \frac{3}{4a - 4b}$

b) $\frac{8 - 3y}{y - 2} - \frac{4y + 5}{2y - 4}$

c) $\frac{2x}{36x^2 - 30x} + \frac{5}{12x - 10}$

d) $u + \frac{2u - 7}{u - 6}$

e) $\frac{5y}{x^2 + 2xy + y^2} - \frac{5}{x + y}$

f) $\frac{-3}{4x^2 - 28x + 49} - \frac{6}{4x^2 - 49}$

g) $\frac{2x - 7}{9x^2 - 16} + \frac{5 + x}{(3x + 4)^2}$

39. Multiplikation von Bruchtermen

Bruchterme werden multipliziert, indem man Zähler mit Zähler und Nenner mit Nenner multipliziert. Um Summen oder Differenzen müssen Klammern gesetzt werden:

$$\frac{4a - x}{2x} \cdot \frac{4ax}{x - 5} = \frac{(4a - x) \cdot 4ax}{2x \cdot (x - 5)} = \frac{16a^2x - 4ax^2}{2x^2 - 10x} =$$

$$\frac{2x \cdot (8a^2 - 2ax)}{2x \cdot (x - 5)} = \frac{8a^2 - 2ax}{x - 5}$$

Lassen sich Zähler oder Nenner faktorisieren (durch Ausklammern oder Anwendung von binomischen Formeln), so ist es sinnvoll, **vor** dem Ausmultiplizieren zu kürzen:

$$\frac{x^2 - 9}{5x + 15} \cdot \frac{16x^2}{4x^2 - 12x} = \frac{(x + 3) \cdot (x - 3) \cdot 16x^2}{5 \cdot (x + 3) \cdot 4x \cdot (x - 3)} = \frac{4x}{5}$$

78. Multipliziere die folgenden Bruchterme. Kürze zuvor, wo es möglich ist:

a) $\frac{5}{8x} \cdot \frac{2}{3x^2}$

b) $\frac{4x - 3}{2x} \cdot \frac{5}{4x + 3}$

c) $\frac{y - 8}{y + 8} \cdot \frac{y - 8}{y + 8}$

d) $\frac{-8x^2y}{6yx} \cdot \frac{-9xy^2}{-12xy}$

e) $\frac{4s}{35s^2} \cdot 15s$

f) $\frac{24a}{7a^2} \cdot \frac{63a^2}{6a^2 + 18a}$

g) $\frac{12u^2}{a - b} \cdot \frac{a^2 - b^2}{16u}$

h) $\frac{(1 + a)^2}{8a} \cdot \frac{4a^2}{1 - a^2}$

i) $\frac{9a^2}{5a^3 - 10a^2} \cdot \frac{a^2 - 4}{3a^2 + 6a}$

j) $\frac{36 - 49z^2}{24 + 28z} \cdot \frac{18z - 21z^2}{(6 - 7z)^2}$

40. Division von Bruchtermen

Durch einen Bruchterm dividiert man, indem man mit dem Kehrwert des Bruchterms multipliziert. Den Kehrwert erhält man durch das Vertauschen von Zähler und Nenner:

a) $\frac{2}{a} : \frac{8}{3a} = \frac{2}{a} \cdot \frac{3a}{8} = \frac{6a}{8a} = \frac{6a\ \mathbf{:2a}}{8a\ \mathbf{:2a}} = \frac{3}{4}$

b) $\frac{15x - 3}{2x^2} : \frac{20x - 4}{10x} = \frac{15x - 3}{2x^2} \cdot \frac{10x}{20x-4} = \frac{(15x - 3)\cdot 10x}{2x^2\cdot(20x - 4)} =$

$\frac{150x^2 - 30x}{40x^3 - 8x^2} = \frac{30x\cdot(5x - 1)\ \mathbf{:2x\cdot(5x - 1)}}{8x^2\cdot(5x - 1)\ \mathbf{:2x\cdot(5x - 1)}} = \frac{15}{4x}$

Beachte: Innerhalb einer Summe oder Differenz darf nicht gekürzt werden! Beispielsweise kann $\frac{7x + 4}{7x - 4}$ nicht mehr verändert werden.

79. Dividiere die folgenden Bruchterme:

a) $\frac{16}{6x} : \frac{10}{3x^2}$

b) $\frac{12ab^2}{20a^3b} : \frac{9b}{15a^2}$

c) $\frac{2u - 3}{5u} : \frac{4u - 6}{35u^2}$

d) $\frac{8s + 5t}{8s} : \frac{5t}{8s - 5t}$

e) $\frac{21y}{4y + 3} : 42y$

f) $x^2 - 9 : \frac{x - 3}{4x}$

g) $\frac{14x + 14}{12} : \frac{5x + 5}{18}$

h) $\frac{24b - 16}{25 - b^2} : \frac{36b - 24}{15b + 3b^2}$

i) $\frac{(y + 1)^2}{28y^2 + 28y} : \frac{y^2 - 1}{7y - 7}$

j) $\frac{4a^2 + 8a + 4}{a - 1} : \frac{4a^2 - 4}{6a^2 - 6a}$

41. Polynomdivision

Eine Summe der Form $ax^3 + bx^2 + cx + d$ heißt **Polynom** 3-ten Grades. Dabei ist x die Variable und a, b, c, d stehen für beliebige rationale Zahlen. Der Grad des Polynoms wird durch den höchsten Exponenten der Variablen x bestimmt.

Beispiel: Polynom 3-ten Grades: $4x^3 - 2x^2 - 7x + 5$
Polynom 4-ten Grades: $3 - 5x^2 - x^4 + 3x^3$

Bruchterme, deren Zähler und Nenner jeweils Polynome sind, lassen sich dadurch vereinfachen, dass man eine sogenannte Polynomdivision durchführt, d. h. Zähler durch Nenner (oder umgekehrt) dividiert. Das Verfahren entspricht der Division von natürlichen Zahlen:

$$\begin{array}{l}
(\mathbf{6x^2} - 7x - 20):(\mathbf{3x} + 4) = \mathbf{2x} - 5 \\
-(6x^2 + 8x) \\
\hline
\quad -15x - 20 \\
\quad -(-15x - 20) \\
\hline
\qquad 0
\end{array}$$

Dividiere $6x^2$ durch $3x$ [→ $2x$].
Multipliziere $2x$ mit $(3x + 4)$ und subtrahiere dies von $(6x^2 - 7x - 20)$.
Dividiere $-15x$ durch $3x$ [→ -5].
Multipliziere -5 mit $(3x + 4)$ und subtrahiere dies von $(-15x - 20)$.
Man erhält 0 und ist fertig.

Somit folgt: $\dfrac{6x^2 - 7x - 20}{3x + 4} = 2x - 5.$

80. Vereinfache die Bruchterme durch Polynomdivision:

a) $\dfrac{2x^2 + 5x - 12}{2x - 3}$ b) $\dfrac{15x^2 - 44x + 21}{5x - 3}$

c) $\dfrac{36x^2 + 17x - 35}{-9x + 7}$ d) $\dfrac{12x^2 - 16x + 5}{6x - 5}$

e) $\dfrac{7x^2 - 11x + 4}{-7x + 4}$

f) $\dfrac{8x - 1}{64x^2 - 16x + 1}$ Hier: Nenner durch Zähler dividieren!

g) $\dfrac{x+2}{x^3 + x^2 - 2x}$ Hier: Nenner durch Zähler dividieren!

42. Polynomdivision (Fortsetzung)

Allgemein geht man bei einer Polynomdivision wie folgt vor:

1. Dividenden (im Beispiel: $10x - 22x^2 - 5 + 8x^3$) und Divisor ($-4 + 2x$) ordnet man nach fallenden Potenzen der Variablen.
2. Dann dividiert man den 1. Summanden des Dividenden ($8x^3$) durch den 1. Summanden des Divisors ($2x$) [→ $4x^2$].
3. Anschließend multipliziert man das Ergebnis ($4x^2$) mit dem Divisor [→ $8x^3 - 16x^2$] und subtrahiert es vom Dividenden [→ $-6x^2 + 10x - 5$].
4. Mit diesem sich ergebenden Restpolynom wiederholt man die Punkte 2 und 3, bis man als Rest 0 erhält oder bis der Grad des Restpolynoms (-9; *Grad: 0*) kleiner ist als der Grad des Divisors ($2x - 4$; *Grad: 1*).

Beispiel: $(10x - 22x^2 - 5 + 8x^3):(-4 + 2x) =$

$$(\mathbf{8x^3} - 22x^2 + 10x - 5):(\mathbf{2x} - 4) = \mathbf{4x^2} - 3x - 1 - \frac{9}{2x - 4}$$

$$\underline{-(8x^3 - 16x^2)}$$

$$-6x^2 + 10x - 5$$

$$\underline{-(-6x^2 + 12x)}$$

$$-2x - 5$$

$$\underline{-(-2x + 4)}$$

$$-9$$

81. Berechne durch Polynomdivision:

a) $(2x^2 + 8x - 4):(x + 5)$
b) $(-16x^2 + 12x - 7):(-4x + 1)$
c) $(11x - 10 + 14x^3 + 41x^2):(2x + 5)$
d) $(30 - 8x^2 - 2x):(7 - 4x)$
e) $(5x^2 - 6 + x^4):(x^2 - 1)$
f) $(33 - 9x^2 + 5x^3):(x^2 - 4)$
g) $(4x^4 - 3x^3 + 7x):(x^2 - 2)$

43. Vermischte Übungen

82. Kürze, wenn es möglich ist:

a) $\frac{x + 5}{x + 5^2}$ b) $\frac{(y - 8)^2}{y - 8}$

c) $\frac{a^2 - b^2}{a + b}$ d) $\frac{st - t}{rt + st}$

e) $\frac{p^2 + 1}{p^2 - 1}$ f) $\frac{xa^2 + x^2a^2}{x^3a^3 - a^2}$

83. Erweitere die Bruchterme auf den Hauptnenner:

a) $\frac{5}{6a^3b}$ und $\frac{7}{4ab^2}$ b) $\frac{2 - x}{6x}$ und $\frac{x - 4}{x + 6}$

c) $\frac{3p}{25 - p^2}$ und $\frac{p + 8}{10 + 2p}$

84. Multipliziere bzw. dividiere die Bruchterme. Kürze möglichst vor dem Ausmultiplizieren:

a) $\frac{24a^2}{25ba} \cdot \frac{35a^2b}{16ab}$ b) $\frac{39x^2}{7xy} : \frac{13x^2y^2}{28xy^2}$

c) $\frac{27s^2}{6st^2} : 18st$ d) $2pq \cdot \frac{44p^2q^2}{66p^3q^3}$

e) $\frac{9e^2 - 16}{(3e-4)^2} \cdot 9e-12$

f) $\frac{6x - 30y}{3y} : \frac{x^2 - 25y^2}{x^2 + 5xy}$

85. Addiere bzw. subtrahiere:

a) $\frac{2a - 1}{7a} - \frac{5 + b}{3b}$ b) $\frac{2y}{x - y} + \frac{2x}{x+y}$

c) $\frac{8}{s + t} + \frac{2 - s}{st}$ d) $\frac{2p}{4p^2 - 49} - \frac{5 + p}{4p + 14}$

44. Test

86. Kürze die Brüche, wenn es möglich ist. Gib die Definitionsmenge D_1 (vor dem Kürzen) und die Definitionsmenge D_2 (nach dem Kürzen) an:

a) $\frac{7b + 21b^2}{14b^3}$ b) $\frac{a^2 - 1 + a}{a^2 - 1}$

c) $\frac{36a^2 + 24a}{15a + 10}$ d) $\frac{24x^2}{3x^2 - 9x}$

e) $\frac{4 - 9y^2}{4 + 12y + 9y^2}$ f) $\frac{15p - 30p^2}{3p - 12p^3}$

87. Addiere bzw. subtrahiere die Bruchterme:

a) $\frac{4a}{b} + \frac{5b}{a}$ b) $\frac{7}{6x^2y^2} - \frac{4}{5xy}$

c) $\frac{p^2}{p^2 - q^2} - \frac{p + q}{p - q}$ d) $\frac{6a}{a^2 - 6ab + 9b^2} + \frac{6a}{3ab - 9b^2}$

88. Berechne und achte dabei auf Punkt- vor Strichrechnung:

a) $\frac{2}{z} + \frac{4}{z} \cdot \frac{3}{z}$

b) $(\frac{4t}{2s} - \frac{3s}{5t}) : \frac{14}{10t}$

c) $\frac{3x^2}{5y^2} : \frac{3x}{8y} + \frac{18y^2}{14x^2} \cdot \frac{7xy}{12y^2}$

d) $\frac{9}{16a^2 - 1} - \frac{6b}{4a - 1} : \frac{2b}{3}$

89. Vereinfache folgende Bruchterme:

a) $\frac{6x^2 + 13x - 33}{2x - 3}$ b) $\frac{15x^2 - 26x + 8}{5x - 2}$

c) $\frac{19x - 6 - 8x^2}{2 - x}$ d) $\frac{7 + 20x^2 - 39x}{1 - 5x}$

e) $\frac{x^2 + 1}{x^3 - 2x^2 + x - 2}$

45. Lösungsschritte von Bruchgleichungen

Gleichungen, in denen Bruchterme vorkommen, heißen **Bruchgleichungen**, z. B.:

$\frac{5}{3x} - 2 = \frac{3}{4x}$ oder $\frac{2-x}{3+x} - \frac{5}{x} = \frac{3}{9-x^2}$

Beim Lösen von Bruchgleichungen geht man nach einem bestimmten Schema vor, dessen einzelne Schritte am ersten Beispiel gezeigt werden:

1. Definitionsmenge bestimmen: $\mathbf{D} = Q \setminus \{0\}$
2. Hauptnenner (HN) bestimmen:
   $3x = 3 \cdot x$
   $4x = 4 \cdot x$
   HN: $3 \cdot 4 \cdot x = 12x$
3. Mit Hauptnenner multiplizieren: $\frac{5}{3x} \cdot \mathbf{12x} - 2 \cdot \mathbf{12x} = \frac{3}{4x} \cdot \mathbf{12x}$
4. Kürzen: $5 \cdot 4 - 2 \cdot 12x = 3 \cdot 3$
5. Lineare Gleichung durch entsprechende Umformungen lösen:
   $20 - 24x = 9 \quad | -9+24x$
   $11 = 24x \quad | :24$
   $x = \frac{11}{24}$
6. Prüfen, ob Lösung in **D** enthalten ist: $\frac{11}{24}$ gehört zu **D**, also: $L = \{\frac{11}{24}\}$

Die Lösung der Bruchgleichung wird durch die Lösungsmenge L angegeben.

90. Bestimme jeweils Definitions- und Lösungsmenge:

a) $\frac{54}{x} = 9$

b) $\frac{75}{3x} = 5$

c) $\frac{4}{x} + 7 = 11$

d) $\frac{26}{4x} - \frac{3}{4} = \frac{5}{2}$

e) $\frac{1}{y} - \frac{5}{3y} = \frac{3}{4}$

f) $\frac{12}{7x} - \frac{4}{3x} = 2$

g) $\frac{5}{8} + \frac{3}{4y} = \frac{2}{3y}$

46. Einfache Bruchgleichungen

Zu den einfachen Bruchgleichungen zählen neben denjenigen vom vorherigen Kapitel (nur Faktoren im Nenner) auch solche, die einen Nenner mit einem Summenterm haben, bei denen aber sonst keine Variablen im Nenner vorkommen, z. B.:

$1 - \frac{2}{3 - x} = \frac{2}{5}$ der Hauptnenner ist: $5 \cdot (3 - x)$

Definitionsmenge: $D = \mathbb{Q} \setminus \{3\}$

$$\mathbf{1 \cdot 5 \cdot (3 - x) - \frac{2}{3 - x} \cdot 5 \cdot (3 - x) = \frac{2}{5} \cdot 5 \cdot (3 - x)}$$

Nach dem Kürzen und Ausmultiplizieren erhält man:

$$\begin{aligned} 15 - 5x - 10 &= 6 - 2x \\ 5 - 5x &= 6 - 2x \quad | - 5 + 2x \\ -3x &= 1 \qquad\quad | :(-3) \\ x &= -\frac{1}{3} \end{aligned}$$

Die Lösung ist in D enthalten, also gilt: $L = \{-\frac{1}{3}\}$.

91. Bestimme jeweils Definitions- und Lösungsmenge:

a) $\frac{4}{3x} + \frac{2}{x} = \frac{5}{3}$

b) $\frac{y + 1}{y} + \frac{7}{2y} = \frac{4}{y}$

c) $\frac{3 + x}{6x} = \frac{5}{4x} - \frac{x + 1}{3x}$

d) $\frac{6}{x + 5} = \frac{1}{4}$

e) $3 + \frac{4}{2z - 3} = \frac{1}{5}$

f) $\frac{2}{3} + \frac{4}{y - 5} = \frac{y}{y - 5} - \frac{1}{2}$

g) $\frac{4x}{5 - 4x} - 1 = -\frac{2}{3} + \frac{x + 7}{5 - 4x}$

47. Einfache Bruchgleichungen (Fortsetzung)

Zwei Sonderfälle können bei den Lösungen auftreten:

a) Es gibt keine Lösung, weil der ausgerechnete Lösungswert nicht in der Definitionsmenge enthalten ist oder weil ein Widerspruch beim Lösen der Bruchgleichung auftritt.

b) Es gibt unendlich viele Lösungen, nämlich alle Zahlen aus der Definitionsmenge, weil eine allgemein gültige Aussage beim Lösen der Bruchgleichung auftritt.

Beispiel zu a)

$$\frac{5x-4}{x-2} = 5 \quad | \cdot(x-2)$$
$$5x-4 = 5\cdot(x-2)$$
$$5x-4 = 5x-10 \quad | -5x \quad \text{Widerspruch!}$$
$$-4 \neq -10 \text{ ; somit } L = \{\ \}$$

Beispiel zu b)

$$\frac{2y+3}{4+y} = \frac{3y+7}{4+y} - 1 \quad | \cdot(4+y)$$
$$2y+3 = 3y+7-1\cdot(4+y)$$
$$2y+3 = 2y+3 \quad | -2y-3$$
$$0 = 0 \text{ ; somit } L = D = Q \setminus \{-4\}$$

92. Bestimme jeweils Definitions- und Lösungsmenge:

a) $\frac{7x-14}{x-2} = 6$

b) $\frac{3}{y-8} = \frac{3}{y-8}$

c) $\frac{2z+4}{3z-5} = \frac{5}{2} - \frac{z-3}{3z-5}$

d) $\frac{y^2+9}{4y} - \frac{y}{4} = \frac{8}{4y}$

e) $\frac{8}{5x} - 1 = \frac{5}{3} + \frac{2-4x}{2x}$

f) $x - 2 = x + 4 - \frac{6x+18}{x+3}$

g) $\frac{7z}{z-3} = \frac{2z+15}{z-3} - 2$

48. Schwierigere Bruchgleichungen

Um den Hauptnenner von Bruchgleichungen mit zwei oder mehreren Summen- und/oder Produkttermen im Nenner zu bestimmen, geht man wie beim Erweitern von Bruchtermen vor (siehe Kapitel 34 und 35), z. B.:

$\frac{2}{5x} + 3 = \frac{3x + 4}{x+2}$ $\qquad$ $D = Q \setminus \{0; -2\}$

Mit Hauptnenner **5x·(x + 2)** multipliziert und gekürzt:

$$\begin{aligned} 2\cdot\mathbf{(x + 2)} + 3\cdot\mathbf{5x\cdot(x + 2)} &= (3x + 4)\cdot\mathbf{5x} \\ 2x + 4 + 15x^2 + 30x &= 15x^2 + 20x && \mid -15x^2 \\ 32x + 4 &= 20x && \mid -20x - 4 \\ 12x &= -4 && \mid :12 \\ x &= -\frac{1}{3} \end{aligned}$$

93. Bestimme jeweils Definitions- und Lösungsmenge:

a) $\frac{2}{x} = \frac{4}{6 - x}$ $\qquad$ b) $\frac{7}{x - 1} = \frac{5}{x + 3}$

c) $\frac{2x}{7 + 2x} = \frac{x - 3}{x - 4}$

d) $\frac{3x + 1}{(x + 1)\cdot(x + 2)} = \frac{5}{x + 2} - \frac{2}{x + 1}$

e) $\frac{4x}{x + 1} + 2 = \frac{6x}{x - 1}$ $\qquad$ f) $\frac{4}{3y} + \frac{4}{1 - 3y} = 0$

g) $\frac{6x - 1}{2x^2 + 5} = \frac{3}{x}$ $\qquad$ h) $\frac{2}{x} - \frac{1}{x - 1} = \frac{1}{x + 2}$

49. Schwierigere Bruchgleichungen (Fortsetzung)

Wenn immer es möglich ist, sollten die Nenner von Bruchgleichungen faktorisiert werden (durch Ausklammern und/oder Anwendung von binomischen Formeln), um den Hauptnenner und die Definitionsmenge leichter bestimmen zu können, z. B.:

$$\frac{7}{4x^2 - 9} + \frac{x - 1}{2x - 3} = \frac{2x + 5}{4x - 6} \qquad D = Q \setminus \{\tfrac{3}{2}; -\tfrac{3}{2}\}$$

Zerlegung der Nenner in Faktoren:

$$\begin{aligned} 4x^2 - 9 &= (2x + 3)\cdot(2x - 3) \\ 4x - 6 &= 2\cdot(2x - 3) \end{aligned}$$

Mit Hauptnenner **2·(2x+3)·(2x-3)** multipliziert und gekürzt:

$$\begin{aligned} 7\cdot\mathbf{2} + (x - 1)\cdot\mathbf{2}\cdot\mathbf{(2x + 3)} &= (2x + 5)\cdot\mathbf{(2x + 3)} \\ 14 + (x - 1)\cdot(4x + 6) &= 4x^2 + 6x + 10x + 15 \\ 14 + 4x^2 + 6x - 4x - 6 &= 4x^2 + 16x + 15 && | - 4x^2 \\ 8 + 2x &= 16x + 15 && | - 16x - 8 \\ -14x &= 7 && | :(-14) \\ x &= -\frac{1}{2} \end{aligned}$$

94. Bestimme jeweils Definitions- und Lösungsmenge:

a) $\frac{4x + 1}{x + 1} = \frac{2x - 5}{3x + 3}$

b) $\frac{y}{4y + 8} = \frac{5 - y}{2y + 4}$

c) $\frac{5}{z^2} = \frac{1}{z - 1} - \frac{1}{z}$

d) $\frac{2}{3y + 6} - \frac{5}{2y - 3} = \frac{3}{6y - 9}$

e) $\frac{2}{z} - \frac{4}{5z - 10} = \frac{7}{3z - 6}$

f) $\frac{3x - 1}{x - 1} + \frac{2x + 3}{x + 1} = \frac{5x^2 - 2x - 9}{x^2 - 1}$

g) $\frac{x}{x^2 - 4} + \frac{x - 2}{x^2 + 2x} = \frac{6}{3x + 6}$

50. Verhältnisgleichungen (Proportionen)

Bei Alltagssituationen bildet man häufig zum Vergleich zweier Größen ihren Quotienten, den man auch **Verhältnis** nennt, z. B.:

1. das Verhältnis eines Preises von 1990 zu dem von 1997;
2. das Verhältnis von tatsächlicher Entfernung zu der auf einer Karte (Maßstab);
3. das Verhältnis beim Umtausch ausländischer Währungen.

Werden zwei Verhältnisse gleichgesetzt, so erhält man folgende **Verhältnisgleichung** oder **Proportion**:

$a:b = c:d$ bzw. $\frac{a}{b} = \frac{c}{d}$ (lies: „a verhält sich zu b wie c zu d")

Diese besondere Bruchgleichung lässt sich durch „Über-Kreuz-Multiplikation" auf einfache Art in eine Produktgleichung umformen: $a \cdot d = b \cdot c$. Sie kann dann entsprechend aufgelöst werden, z. B.:

Der Wechselkurs schwedischer Kronen zu DM beträgt 100:24. Wie viel DM bezahlt man für 520 Kronen?

Aus der Verhältnisgleichung $\frac{100}{24} = \frac{520}{x}$ erhält man:

$100 \cdot x = 520 \cdot 24$ und schließlich $x = 124{,}80$ DM.

95. Stelle Verhältnisgleichungen auf und löse sie durch „Über-Kreuz-Multiplikation":

a) Der Wechselkurs Schweizer Franken zu DM beträgt 100:121. Wie viele Schweizer Franken erhält man für 350 DM?
b) Der Maßstab auf einer Straßenkarte beträgt 1:25000. Wie viel Kilometer in Wirklichkeit entsprechen 12 cm auf der Karte?
c) Ein Mischungsverhältnis von Alkohol und Wasser beträgt 3:10. Wie viel Liter Wasser benötigt man für 2,5 l Alkohol? Wie viel Liter müssen jeweils genommen werden, wenn die gesamte Mischung 6,5 l betragen soll?
d) Eine Familie mit 3 Personen und eine Familie mit 5 Personen zahlen zusammen 1872 DM Heizungskosten. Wie viel DM muss jede Familie bezahlen?

51. Umstellen von Formeln

Oft muss man in Mathematik, Physik und Chemie eine vorgegebene Formel erst umformen, um die gefragte Größe berechnen zu können, z. B.:

a) Geschwindigkeit = $\frac{\text{Weg}}{\text{Zeit}}$ oder $v = \frac{s}{t}$. Bekannt seien v und s, gesucht sei t. Dann löst man nach t auf:

$$v = \frac{s}{t} \quad | \cdot t$$

$$v \cdot t = s \quad | : v$$

$$t = \frac{s}{v}$$

b) Die Formel für die Fläche eines Trapezes ist $A = \frac{a + c}{2} \cdot h$.

Bekannt seien Fläche A, Seite a, Höhe h. Gesucht ist die Seite c:

$$A = \frac{a + c}{2} \cdot h \quad | \cdot 2$$

$$2 \cdot A = (a+c) \cdot h \quad | : h$$

$$\frac{2 \cdot A}{h} = a+c \quad | - a$$

$$\frac{2 \cdot A}{h} - a = c$$

96. Stelle die folgenden Formeln entsprechend um:

a) Für die Fläche einer Raute gilt: $A = \frac{e \cdot f}{2}$ (e, f: Diagonalen). Löse nach e auf.

b) Der Umfang eines Rechtecks berechnet sich nach der Formel: $u = 2a + 2b$. Löse nach b auf.

c) Löse die Formel für die Prozentwertberechnung $P = G \cdot \frac{p}{100}$ nach dem Grundwert G auf.

d) Löse die Formel für die Trapezfläche $A = \frac{a + c}{2} \cdot h$ nach der Höhe h auf.

e) Die Formel für Tageszinsen $Z = \frac{K \cdot t \cdot p}{360 \cdot 100}$ soll nach p aufgelöst werden (K: Kapital; t: Tage; p: Zinssatz).

52. Textaufgaben zu den Bruchgleichungen

Beispiel: Die Differenz aus dem Kehrwert des Doppelten einer Zahl und dem doppelten Kehrwert dieser Zahl ergibt den Kehrwert von - 4.

Gesuchte Zahl: x

Kehrwert der Zahl: $\frac{1}{x}$

Kehrwert des Doppelten einer Zahl: $\frac{1}{2x}$

Doppelter Kehrwert der Zahl: $2 \cdot \frac{1}{x} = \frac{2}{x}$

Kehrwert von - 4: $\frac{1}{-4} = -\frac{1}{4}$

Somit lautet die Gleichung: $\frac{1}{2x} - \frac{2}{x} = -\frac{1}{4}$

D = Q \ {0}, also muss die gesuchte Zahl von 0 verschieden sein.

Die Bruchgleichung nach x aufgelöst ist x = 6.

97. Übersetze die Angaben der Textaufgaben in Terme, stelle dann die Bruchgleichung auf und löse sie:

a) Addiert man zum Kehrwert einer Zahl 4, so erhält man 6.

b) Subtrahiert man vom Kehrwert einer Zahl den Kehrwert des Dreifachen der Zahl, so ergibt sich $\frac{1}{4}$.

c) Addiert man zum Kehrwert einer Zahl das Doppelte des Kehrwerts und subtrahiert den Kehrwert des Dreifachen der Zahl, erhält man den Kehrwert von 3.

d) Subtrahiert man vom Nenner des Bruches $\frac{19}{13}$ eine Zahl und addiert dieselbe Zahl zum Zähler, so ergibt sich 7.

e) Addiert man zum Zähler und Nenner des Bruches $\frac{3}{5}$ die gleiche Zahl, so erhält man die Zahl 3.

53. Vermischte Übungen

98. Bestimme jeweils Definitions- und Lösungsmenge:

a) $\frac{12}{8x} - 1 = \frac{4}{5x}$

b) $\frac{-5}{x^2 - 16} + \frac{3}{x - 4} = \frac{2}{x + 4}$

c) $\frac{3}{x - 2} = \frac{6}{x^2 - 2x}$

d) $\frac{x + 5}{3x - 4} - \frac{2x - 7}{6x + 1} = \frac{8x + 3}{(3x - 4)\cdot(6x + 1)}$

99. Stelle Verhältnisgleichungen auf und löse sie:

a) Der Maßstab auf einer Landkarte beträgt 1:150000. Wie viel Zentimeter auf der Karte entsprechen 6 km in Wirklichkeit?

b) 2 cm auf einer Straßenkarte bedeuten 9 km in Wirklichkeit. Welchen Maßstab hat die Karte?

c) Eine bestimmte Messingsorte besteht aus 56 Gewichtsteilen Kupfer und 44 Gewichtsteilen Zink. Wie viel Kilogramm Zink werden für diese Legierung benötigt, wenn man 7 kg Kupfer verwendet?

d) Zwei Freunde teilen sich einen Gewinn von 3800 DM entsprechend ihrem Einsatz im Verhältnis 3:5. Wie wird der Gewinn aufgeteilt?

100. Löse die Textaufgaben:

a) Der 5. Teil einer Zahl ist um 2 größer als ihr 3. Teil.

b) Dividiert man eine Zahl durch die um 4 vergrößerte Zahl, erhält man 5.

c) Die Differenz aus dem doppelten Kehrwert einer Zahl und 1 entspricht der Summe aus dem Kehrwert des Dreifachen der Zahl und $\frac{2}{5}$.

54. Test

101. Löse die Verhältnisgleichungen:

a) $\frac{5}{x} = \frac{7}{2}$ b) $\frac{x + 3}{x} = \frac{7}{4}$ c) $\frac{1}{2x - 5} = \frac{4}{3x + 5}$

102. Bestimme jeweils Definitions- und Lösungsmenge:

a) $\frac{1}{x} - \frac{1}{9x} = \frac{6 - 5x}{6x} + \frac{2}{9}$ b) $\frac{3}{2} = \frac{2x - 2}{2x + 3}$

c) $\frac{2x}{x + 1} + \frac{3}{2x} = 2 - \frac{1}{x}$

d) $\frac{2x}{1 - x} + \frac{8}{x + 1} = \frac{2x^2 - 6}{1 - x^2} - \frac{2}{1 - x}$

e) $\frac{14 - 3x}{2x + 4} - \frac{7}{6} = \frac{x^2 - 6x + 2}{4 - x^2} + \frac{5x}{6 - 3x}$

103. Löse die Formeln nach der in der Klammer angegebenen Größe auf:

a) Volumen eines Quaders: $V = a \cdot b \cdot c$ [b]

b) Fläche eines Dreiecks: $A = \frac{g \cdot h}{2}$ [g]

c) Widerstand: $R = \frac{U}{I}$ [I]

d) Tageszinsen: $Z = \frac{K \cdot t \cdot p}{360 \cdot 100}$ [t]

e) Hebelgesetz: $\frac{F_1}{F_2} = \frac{a_2}{a_1}$ [a_1]

f) Oberfläche eines Zylinders: $O = 2\pi r^2 + 2\pi rh$ [h]

104. Löse die Textaufgaben:

a) 4 dividiert durch eine Zahl ergibt dasselbe wie 7 dividiert durch die um 3 vergrößerte Zahl.

b) Der Nenner eines Bruches ist um 4 kleiner als der Zähler. Vergrößert man den Zähler um 3 und verdoppelt den Nenner, so erhält man $\frac{2}{3}$.

Lösungen

1. Terme und Variablen: Erklärung und Schreibweisen

1. a) $x + x + x + x + y + y = 4x + 2y$
   b) $s + s + s + s + s - t - t - t = 5s - 3t$
   c) $r + t + r + r + t + t + r = 4r + 3t$
   d) $p - q + p - q + p - q + p - q + p - q = 5p - 5q$
   e) $x^2 + x^2 + x^2 + y^2 + y^2 + x^2 + y^2 + x^2 + x^2 = 6x^2 + 3y^2$

2. a) $4x = x + x + x + x$ b) $2a + 3b = a + a + b + b + b$
   c) $5r - 3s = r + r + r + r + r - s - s - s$

3. a) $7 \cdot 7 \cdot 7 \cdot 7 \cdot 7 \cdot 7 \cdot 5 \cdot 5 \cdot 5 = 7^6 \cdot 5^3$
   b) $x \cdot x \cdot x \cdot y \cdot y \cdot y \cdot y \cdot y \cdot y = x^3 \cdot y^6$
   c) $r \cdot s \cdot t \cdot s \cdot t \cdot r \cdot t \cdot t \cdot s = r^2 \cdot s^3 \cdot t^4$

4. a) $5^3 = 5 \cdot 5 \cdot 5$ b) $b^4 = b \cdot b \cdot b \cdot b$
   c) $x^3y^5 = x \cdot x \cdot x \cdot y \cdot y \cdot y \cdot y \cdot y$ d) $(3a)^4 = 3a \cdot 3a \cdot 3a \cdot 3a$

2. Rechnen mit Termen ohne Variablen: Addition/Subtraktion

5. a) $- 24 +(- 6) = - 24 - 6 = - 30$
   b) $18 -(- 13) = 18 + 13 = 31$
   c) $+ 20 -(+ 9) = 20 - 9 = 11$
   d) $- 68 +(+ 45) = - 68 + 45 = - 23$
   e) $83 -(+ 59) = 83 - 59 = 24$
   f) $-(- 37) + (- 18) = 37 - 18 = 19$

3. Rechnen mit Termen ohne Variablen: Multiplikation/Division

6. a) $(- 4) \cdot (+ 9) = - 36$ b) $(- 12):(- 12) = + 1$
   c) $8 \cdot (- 0{,}5) = - 4$ d) $(+ 48):(- 8) = - 6$
   e) $- 7:(- 4) = + \frac{7}{4} = + 1\frac{3}{4}$ f) $(- 3) \cdot (- 4) \cdot (- 6) = - 72$
   g) $(+ 4):(+ \frac{1}{5}) = + 20$ h) $(- \frac{3}{8}):(+ \frac{5}{4}) = - \frac{3}{10}$
   i) $-3{,}2 \cdot (+ \frac{3}{4}) = - \frac{32}{10} \cdot (+ \frac{3}{4}) = - \frac{12}{5} = - 2\frac{2}{5}$

4. Berechnung von Termwerten

7.

		2	5	- 3	$-\frac{1}{2}$
a)	6x	12	30	- 18	- 3
b)	8a - 5	11	35	- 29	- 9
c)	- 2u	- 4	- 10	6	1
d)	7 - 3y	1	- 8	16	8,5
e)	a^2	4	25	9	$\frac{1}{4}$
f)	a^3	8	125	- 27	$-\frac{1}{8}$
g)	$\frac{1}{4}x + x$	$2\frac{1}{2}$	$6\frac{1}{4}$	$-3\frac{3}{4}$	$-\frac{5}{8}$

8.

	x	y	x - y	x · y	4x - y	$x^2 + y^2$
a)	1	0	1	0	4	1
b)	2	2	0	4	6	8
c)	- 1	3	- 4	- 3	- 7	10
d)	5	- 2	7	- 10	22	29
e)	$\frac{1}{4}$	$\frac{1}{2}$	$-\frac{1}{4}$	$\frac{1}{8}$	$\frac{1}{2}$	$\frac{5}{16}$

5. Äquivalenz von Termen

9. a) $3a = a + 2a$
   b) $4x \neq 2 + 2x$
   c) $6x = 3 \cdot 2x$
   d) $2 \cdot (2z - 1) \neq 4z - 1$
   e) $x^2 \neq 2 \cdot x$
   f) $5 \cdot (x + 2) = 5x + 10$
   g) $x - 2x = -x$
   h) $-(x - x \cdot 3) \neq -2x$

6. Aufstellen eines Terms

10. a) $5x + 3$ b) $7 - 2x$

c) $\frac{4 + x}{3}$ d) $4x + 3y$

11. a) Eine mögliche Zerlegung der Figur ist:

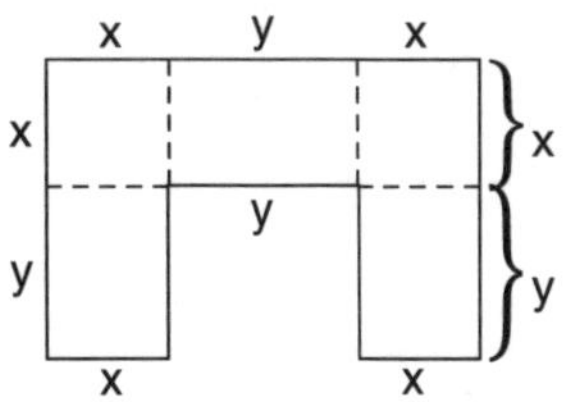

$u = 6x + 6y$
$A = 2xy + 2x^2 + xy$
$= 3xy + 2x^2$

b) Eine mögliche Zerlegung der Figur ist:

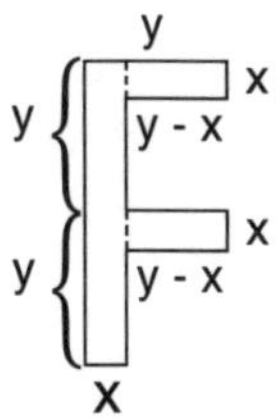

$u = 3x + 3y + 5(y - x)$
$= 8y - 2x$
$A = 2\,(xy) + x(y - x) + x(y - x)$
$= 4xy - 2x^2$

7. Textaufgaben

12. a) $\frac{x}{5} \cdot 9$ b) $(x - 8) \cdot (x + 12)$

c) $x^2 - 2y^2$ d) $\frac{x - 15}{3x} - 6$

e) $\frac{x}{5} + 4y$ f) $2 \cdot \frac{x}{y} + 2 \cdot x \cdot y$

g) $(x + 7)^2 \cdot (y - 15)^2$

13. a) $u = 6a + 4b$ $A = 3ab + b^2$
b) $u = 4a + 2b + 2c$ $A = a^2 + ab + bc - ac$
c) $u = 10x + 8y$ $A = 4x^2 + 4xy$
d) $u = 6x + 8y$ $A = 5xy$

8. Test

14. a) $-26 - (-8) = -18$ b) $-5 \cdot (+3) = -15$
c) $-5 + 3 = -2$ d) $35 : (-7) = -5$

15.

	x	y	$2x + 3y$	$x^2 - y^2$	$x^2 - 2xy + y^2$
a)	4	2	14	12	4
b)	- 3	3	3	0	36
c)	0	- 6	- 18	- 36	36
d)	- 2	- 7	- 25	- 45	25
e)	$\frac{2}{3}$	$\frac{1}{2}$	$\frac{17}{6} = 2\frac{5}{6}$	$\frac{7}{36}$	$\frac{1}{36}$

16. a) $4b \neq 2 + 2b$
b) $8b \neq 4b \cdot 2b$
c) $3 \cdot (2x - 5) = 6x - 15$
d) $- x - 3x \neq - 2x$
e) $(2x - 3) \cdot (2x + 3) = 4x^2 - 9$

17. a) $\frac{x + y}{7}$
b) $x \cdot (x + 1)$
c) $x + y + 2 \cdot x \cdot y$
d) $(x - 9)^2$
e) $x^2 - \frac{8}{3x^2}$

9. Addition und Subtraktion von Termen

18. a) $9x + 2x - 14x = - 3x$
b) $3u - 7v + 2u - v = 5u - 8v$
c) $4m - 3n - 2 = 4m - 3n - 2$
d) $5s - s = 4s$
e) $5s - 5 = 5s - 5$
f) $5s - 5s + 3t - 4t = - t$

19. a) $- 6p + 2p^2 + 4q + 5p - 4p^2 = - p - 2p^2 + 4q$
b) $4 - 2a^2 - 3a + 7a^2 = 5a^2 - 3a + 4$
c) $7st - 3ts = 4st$
d) $a^2 - 2ab + 4a - 3a^2 - b^2 + 2ba - 4a = - 2a^2 - b^2$
e) $- 11x^2y^3 - 7x^3y^2 + 5x^2y^2 + 8x^2y^3 - 4x^2y^2 = - 3x^2y^3 + x^2y^2 - 7x^3y^2$
f) $- 0{,}08ab - 1{,}52a^2 + 0{,}23ba - 0{,}69b^2a + 0{,}04a + 0{,}19ab^2 =$
$0{,}15ab - 1{,}52a^2 - 0{,}5ab^2 + 0{,}04a$

10. Auflösen von Plus- und Minusklammern

20. a) $5 + (3x - 7y) = 5 + 3x - 7y$
    b) $4s - (6t + 2u) = 4s - 6t - 2u$
    c) $(9a - 5b) + (- 3a - 2b) = 6a - 7b$
    d) $- (2m + 5n) + 2m = - 5n$
    e) $13e - (10f - 3) - (- 7 + 3e) = 10e - 10f + 10$
    f) $6a^2 + (7a - 5a^2) - (8 + a^2) = 7a - 8$

21. a) $- [9 + (- 12 - 3x) - 4] + 6x = 9x + 7$
    b) $2x + [5y - (2x - 9y)] = 14y$
    c) $- [- 16s - (12 + 15t) + (20s - 8) + 17t] = - 4s - 2t + 20$
    d) $-[-[- m + n - (3m + 3n) + 4n]] - 7m = - m + n - 3m - 3n + 4n - 7m$
    $= 2n - 11m$
    e) $20a^2b^2 - [- (13a^2b + 6ab^2 - 14a^2b^2) + (- 13a^2b - 8ab^2)] =$
    $20a^2b^2 + 13a^2b + 6ab^2 - 14a^2b^2 + 13a^2b + 8ab^2 =$
    $6a^2b^2 + 26a^2b + 14ab^2$
    f) $- 7x^3y-[[1x^3 + 8x^3y^2 - (- 2x^3 + 15x^3y^2) + 4x^3y] -12x^3y^2] =$
    $- 7x^3y - 1x^3 - 8x^3y^2 - 2x^3 + 15x^3y^2 - 4x^3y + 12x^3y^2 =$
    $19x^3y^2 - 11x^3y - 3x^3$

11. Multiplikation von Termen (Produkten)

22. a) $5b \cdot 3a = 15ab$
    b) $(- 7xy) \cdot 4yz = -28xy^2z$
    c) $8n \cdot (- 2mn) \cdot 3m = -48m^2n^2$
    d) $(- ab) \cdot (- 2bc) \cdot (- 3b^2c) = - 6ab^4c^2$
    e) $- 5st^2u \cdot 6su^2 \cdot (- 0,5tu) = 15s^2t^3u^4$
    f) $0,2xy^2 \cdot (- 5x^2z^3) \cdot (- 2,5z^2y^3) = 2,5x^3y^5z^5$

23. a) $3a^2 \cdot 3a^2 = 9a^4 \neq 9a^2$
    b) $(- xy) \cdot (- xy) = x^2y^2$
    c) $- a \cdot (a \cdot 4b) = - 4a^2b$
    d) $(+ 8m) \cdot (- 8m) = - 64m^2 \neq 0$
    e) $(- 7p^2) \cdot (- 2pq) = 14 p^3q \neq 14p^2q$
    f) $(- 2fe) \cdot 2e^2f \cdot (- 2fe^2) = 8e^5f^3 \neq - 8e^5f^3$

12. Division von Termen (Produkten)

24. a) $18x^2:(- 3) = - 6x^2$
    b) $25x^3y:5 = 5x^3y$
    c) $(- 6s^2t):(- 6s) = st$
    d) $(- 4a^2bc):8ac = - 0,5ab$
    e) $5m^3n^2:3m^2n^2 = \frac{5}{3}m$
    f) $3p^6q^5:(- \frac{3}{2} p^2q^3) = - 2p^4q^2$

25. a) $4ax:4ax = 1 \neq 0$

b) $10x^2:(-2x^2) = -5 \neq -5x^2$

c) $-2uv:(-2v) = u$

d) $3x^2y^2:6xy = \frac{1}{2}xy \neq 2xy$

e) $(-35s^4t):5s^3 = -7st$

f) $2a^3b^3: \frac{4}{3}ab^2 = \frac{3}{2}a^2b$

13. Potenzieren von Termen (Produkten)

26. a) $(8u)^2 = 64u^2$

b) $(-5y)^2 = 25y^2$

c) $(0{,}4ab)^2 = 0{,}16a^2b^2$

d) $(\frac{2}{3}p^2)^2 = \frac{4}{9}p^4$

e) $(-3st^2)^3 = -27s^3t^6$

f) $(7u^3v^4)^2 = 49u^6v^8$

g) $(-\frac{3}{4}p^3q^4)^3 = -\frac{27}{64}p^9q^{12}$

27. a) $(4s)^2 - (3s)^2 = 16s^2 - 9s^2 = 7s^2$
b) $(-6x)^2 - 6x^2 = 36x^2 - 6x^2 = 30x^2$
c) $(-6x)^2 - (6x)^2 = 0$
d) $11a^4b^6 + (3a^2b^3)^2 = 11a^4b^6 + 9a^4b^6 = 20a^4b^6$
e) $(-0{,}7pq)^2 - 0{,}13p^2q^2 + (-0{,}8qp)^2 = 0{,}49p^2q^2 - 0{,}13p^2q^2 + 0{,}64q^2p^2 = p^2q^2$
f) $-3\cdot(x^2y^3z^4)^3 = -3x^6y^9z^{12}$
g) $\frac{3}{4}\cdot(-\frac{5}{3}s^3t^4)^2 = \frac{3}{4}\cdot(\frac{25}{9}s^6t^8) = \frac{25}{12}s^6t^8$

14. Aufgaben mit Potenz-, Punkt- und Strichrechnung

28. a) $8s\cdot5t - 4t\cdot7s = 12st$
b) $11uv + 15uv:3 - 10u = 16uv - 10u$
c) $-6y\cdot(-7y) - (54y:9)^2 = 6y^2$
d) $34a^2 - (2a + 18a:6)^2 - (3a)^2 = 34a^2 - 4a^2 - 12a^2 - 9a^2 - 9a^2 = 0$
e) $(-3u)^3 + 7u^2\cdot(8u - 3\cdot2u) = -27u^3 + 56u^3 - 42u^3 = -13u^3$
f) $25a^2x - 2a^2x\cdot13 + x\cdot(21a^2:7a + 3a)^2 = 25a^2x - 26a^2x + 36a^2x = 35a^2x$
g) $18x\cdot(50x - 10x\cdot4) + 180x^2:(-3) = 180x^2 - 60x^2 = 120x^2$
h) $14\cdot(-2p)^2 - [(3q)^2 + 4q\cdot1{,}5q] - 2\cdot(5p)^2 = 56p^2 - 9q^2 - 6q^2 - 50p^2 = 6p^2 - 15q^2$
i) $-3\cdot5b^2 - [(8b - 2\cdot5b)^2 - (28b^2:4)]^2 + (6b)^2:4 = -15b^2 - [4b^2 - 7b^2]^2 + 9b^2 = -15b^2 - 9b^4 + 9b^2 = -9b^4 - 6b^2$

15. Test

29. a) $5a - 3b + 6a - 2a^2 - 4b = 11a - 7b - 2a^2$
    b) $4x^2 + 11y^2 - 7x^2 - 7y^2 + 3x^2 = 4y^2$
    c) $10pq^2 - 2q^2 + 9pq - 2q^2 + 14pq^2 - 8pq = 24pq^2 - 4q^2 + pq$
    d) $0{,}5xy + 0{,}3x - 0{,}8xy + 1{,}2x + 0{,}3xy = 1{,}5x$
    e) $\frac{4}{9}u - \frac{2}{3}uv + \frac{5}{6}u + \frac{4}{9}uv - \frac{1}{3}uv = -\frac{5}{9}uv + \frac{23}{18}u$
    f) $\frac{2}{7}ef - \frac{3}{5}ef^2 - \frac{1}{5}e^2f - \frac{4}{5}ef + \frac{5}{7}e^2f - \frac{6}{7}ef^2 = \frac{18}{35}e^2f - \frac{51}{35}ef^2 - \frac{18}{35}ef$

30. a) $7x \cdot 7y = 49xy$
    b) $15p \cdot (-3p) = -45p^2$
    c) $(-24u^2):(-6) = 4u^2$
    d) $20e^3f^2 \cdot 0{,}4ef^2 = 8e^4f^4$
    e) $72x^2y^4z^2 : 12y^3z = 6x^2yz$
    f) $\frac{5}{3}uv : \frac{3}{5}v = \frac{25}{9}u$

31. a) $(11ab)^2 = 121a^2b^2$
    b) $(-4s^2t)^3 = -64s^6t^3$
    c) $12p^2 - (5p)^2 = -13p^2$
    d) $(\frac{3}{2}y^2)^2 - \frac{5}{3}y^4 = \frac{7}{12}y^4$
    e) $\frac{1}{8}e^2f^2 + (\frac{5}{4}ef)^2 = \frac{27}{16}e^2f^2$

32. a) $18a^2 - (5a + 12a^2) + (3a - 4a^2) = 2a^2 - 2a$
    b) $(5x - 3y) - (-8xy + 3y + 5x) = 8xy - 6y$
    c) $13m^2 - [4m + (2n^2 - 6m^2) - (9n - 3m + 11m^2) - 8n^2] - 15n =$
    $30m^2 - 7m + 6n^2 - 6n$
    d) $7uv^3 - (2v)^3 - (3uv^3 \cdot 2 - v \cdot 6v^2) = uv^3 - 2v^3$
    e) $-5 \cdot (\frac{3}{4}e^2)^2 - [\frac{7}{3}e^2 - (\frac{5}{8}e^4 - \frac{1}{6}e^2)] =$
    $-5 \cdot \frac{9}{16}e^4 - \frac{7}{3}e^2 + \frac{5}{8}e^4 - \frac{1}{6}e^2 = -\frac{35}{16}e^4 - \frac{15}{6}e^2 = -\frac{35}{16}e^4 - \frac{5}{2}e^2$

16. Multiplikation einer Summe mit einem Faktor

33. a) $6 \cdot (3e - 7) = 18e - 42$
    b) $(-4) \cdot (2x + 8y) = -8x - 32y$
    c) $(a^2 - 2a) \cdot a = a^3 - 2a^2$
    d) $(-5p^2) \cdot (-p + p^2) = 5p^3 - 5p^4$
    e) $(8x - 4y) \cdot (-\frac{3}{4}xy) = -6x^2y + 3xy^2$
    f) $-8t^2 \cdot (-4t^2 + 5s^2t - 3s^2) = 32t^4 - 40s^2t^3 + 24s^2t^2$
    g) $\frac{x}{2} \cdot (-6bx^2 + 2{,}8bx - 9b) = -3bx^3 + 1{,}4bx^2 - 4{,}5bx$

34. a) $8a + 3 \cdot (7a + 6b) = 8a + 21a + 18b = 29a + 18b$
b) $7 \cdot (4x - 8y) + 12x = 28x - 56y + 12x = 40x - 56y$
c) $9 \cdot (a + 2b) - 4 \cdot (4b - 5a) = 9a + 18b - 16b + 20a = 29a + 2b$
d) $3p \cdot (5 - 9q) + 2q \cdot (- 8 + 12p) = 15p - 27pq - 16q + 24pq =$
$15p - 3pq - 16q$
e) $4x^2 - 3x \cdot (4x + 5) + 4 \cdot (7x^2 - 5x) = 4x^2 - 12x^2 - 15x + 28x^2 - 20x =$
$20x^2 - 35x$
f) $- 6 \cdot (4t + 2s) - 13s + (15t - 5s) \cdot 2 = - 24t - 12s -13s + 30t - 10s =$
$6t - 35s$
g) $0{,}5u \cdot (3 - u) + 0{,}7 \cdot (- u + u^2) - 0{,}4u \cdot (- u + 5) =$
$1{,}5u - 0{,}5u^2 - 0{,}7u + 0{,}7u^2 + 0{,}4u^2 - 2u = - 1{,}2u + 0{,}6u^2$

17. Multiplikation zweier Summen

35. a) $(5 + s) \cdot (s - 4) = s^2 + s - 20$
b) $(2a - 6) \cdot (3a - 9) = 6a^2 - 36a + 54$
c) $(4x + 7y) \cdot (- 4x - 7y) = - 16x^2 - 56xy - 49y^2$
d) $(- b - 11) \cdot (7 - 3b) = 3b^2 + 26b - 77$
e) $(3a^2 + 7b^2) \cdot (- 3b^2 + 2a^2) = 6a^4 + 5a^2b^2 - 21b^4$
f) $(- 0{,}5e + 0{,}7f) \cdot (0{,}5e + 0{,}7f) = 0{,}49f^2 - 0{,}25e^2$
g) $(3uv^2 - 6u^2v) \cdot (- 10u^2v + 20uv^2) = 60u^4v^2 - 150u^3v^3 + 60u^2v^4$

36. a) $(u + 3v) \cdot (3v - u) - (u - v) = - u^2 - u + 9v^2 + v$
b) $4(z + 2) + (3z - 1) \cdot (z + 6) = 3z^2 + 21z + 2$
c) $(3x - 5) \cdot (2x - 7x^2 + 7) = - 21x^3 + 41x^2 + 11x - 35$
d) $(15a - 2b + 10) \cdot (3b - 2a) - 18b = - 30a^2 + 49ab - 20a - 6b^2 + 12b$
e) $(7m^2n^3 + mn^2) \cdot (4 - 5m) - 8m(9mn^3 - 3mn^2) =$
$28m^2n^3 - 35m^3n^3 + 4mn^2 - 5m^2n^2 - 72m^2n^3 + 24m^2n^2 =$
$- 35m^3n^3 - 44m^2n^3 + 19m^2n^2 + 4mn^2$
f) $(4s - 3t) \cdot (- 4s) - (10t - 15s) \cdot (- 3s + 2t) =$
$- 16s^2 + 12st + 30st - 20t^2 - 45s^2 + 30st = - 61s^2 + 72st - 20t^2$
g) $(3p + 4q) \cdot (- 2q - 9p) - (8q - 2p) \cdot (5p + 5q) =$
$- 6pq - 27p^2 - 8q^2 - 36pq - 40pq - 40q^2 + 10p^2 + 10pq =$
$- 17p^2 - 72pq - 48q^2$

18. Die 1. binomische Formel

37. a) $(s + t)^2 = s^2 + 2st + t^2$
b) $(3 + a)^2 = 9 + 6a + a^2$
c) $(m + 8)^2 = m^2 + 16m + 64$
d) $(15 + p)^2 = 225 + 30p + p^2$
e) $(4x + a)^2 = 16x^2 + 8ax + a^2$
f) $(2y + 6x)^2 = 4y^2 + 24xy + 36x^2$
g) $(9m + 6n)^2 = 81m^2 + 108mn + 36n^2$
h) $(12u + 3v)^2 = 144u^2 + 72uv + 9v^2$
i) $(10s + 10t)^2 = 100s^2 + 200st + 100t^2$
j) $(25a + 10x)^2 = 625a^2 + 500ax + 100x^2$

k) $(20u + 12v)^2 = 400u^2 + 480uv + 144v^2$
l) $(17p + 13q)^2 = 289p^2 + 442pq + 169q^2$

38. a) $(11s + 0{,}3t)^2 = 121s^2 + 6{,}6st + 0{,}09t^2$
b) $(0{,}4a + 0{,}7b)^2 = 0{,}16a^2 + 0{,}56ab + 0{,}49b^2$
c) $(0{,}9u + 2{,}5v)^2 = 0{,}81u^2 + 4{,}5uv + 6{,}25v^2$
d) $(3{,}3x + y)^2 = 10{,}89x^2 + 6{,}6xy + y^2$
e) $(\frac{3}{5}m + n)^2 = \frac{9}{25}m^2 + \frac{6}{5}mn + n^2$
f) $(\frac{4}{7}m + \frac{3}{4}n)^2 = \frac{16}{49}m^2 + \frac{6}{7}mn + \frac{9}{16}n^2$
g) $(xy + z)^2 = x^2y^2 + 2xyz + z^2$
h) $(4s^2t + 3t)^2 = 16s^4t^2 + 24s^2t^2 + 9t^2$
i) $(8x^2y^2 + yz)^2 = 64x^4y^4 + 16x^2y^3z + y^2z^2$
j) $(0{,}8a^2b + 2{,}2ab^2)^2 = 0{,}64a^4b^2 + 3{,}52a^3b^3 + 4{,}84a^2b^4$
k) $(\frac{2}{3}ax + \frac{3}{4}y)^2 = \frac{4}{9}a^2x^2 + axy + \frac{9}{16}y^2$
l) $(\frac{1}{6}pq + \frac{5}{8}pr)^2 = \frac{1}{36}p^2q^2 + \frac{5}{24}p^2qr + \frac{25}{64}p^2r^2$

19. Die 2. binomische Formel

39. a) $(p - q)^2 = p^2 - 2pq + q^2$
b) $(6 - u)^2 = 36 - 12u + u^2$
c) $(s - 7)^2 = s^2 - 14s + 49$
d) $(12 - m)^2 = 144 - 24m + m^2$
e) $(5b - a)^2 = 25b^2 - 10ab + a^2$
f) $(4x - 9y)^2 = 16x^2 - 72xy + 81y^2$
g) $(8p - 7q)^2 = 64p^2 - 112pq + 49q^2$
h) $(11a - 6b)^2 = 121a^2 - 132ab + 36b^2$
i) $(13s - 10t)^2 = 169s^2 - 260st + 100t^2$
j) $(20m - 20n)^2 = 400m^2 - 800mn + 400n^2$
k) $(30e - 15f)^2 = 900e^2 - 900ef + 225f^2$
l) $(18u - 14v)^2 = 324u^2 - 504uv + 196v^2$

40. a) $(0{,}5s - 6t)^2 = 0{,}25s^2 - 6st + 36t^2$
b) $(0{,}9x - 0{,}9y)^2 = 0{,}81x^2 - 1{,}62xy + 0{,}81y^2$
c) $(1{,}5a - b)^2 = 2{,}25a^2 - 3ab + b^2$
d) $(4{,}1x - 0{,}6y)^2 = 16{,}81x^2 - 4{,}92xy + 0{,}36y^2$
e) $(\frac{3}{4}p - q)^2 = \frac{9}{16}p^2 - \frac{3}{2}pq + q^2$
f) $(\frac{6}{5}e - \frac{2}{3}f)^2 = \frac{36}{25}e^2 - \frac{8}{5}ef + \frac{4}{9}f^2$

g) $(a - bc)^2 = a^2 - 2abc + b^2c^2$
h) $(8x - 8y^2z)^2 = 64x^2 - 128xy^2z + 64y^4z^2$
i) $(2m^2n^2 - mn)^2 = 4m^4n^4 - 4m^3n^3 + m^2n^2$
j) $(0{,}6uv^2 - 1{,}6u^2v)^2 = 0{,}36u^2v^4 - 1{,}92u^3v^3 + 2{,}56u^4v^2$
k) $(\frac{4}{7}rs - \frac{7}{4}t)^2 = \frac{16}{49}r^2s^2 - 2rst + \frac{49}{16}t^2$
l) $(\frac{3}{5}e - \frac{5}{9}ef)^2 = \frac{9}{25}e^2 - \frac{2}{3}e^2f + \frac{25}{81}e^2f^2$

20. Die 3. binomische Formel

41. a) $(u + v)\cdot(u - v) = u^2 - v^2$
b) $(e + 6)\cdot(e - 6) = e^2 - 36$
c) $(7 - a)\cdot(7 + a) = 49 - a^2$
d) $(10 - p)\cdot(10 + p) = 100 - p^2$
e) $(q + 6p)\cdot(q - 6p) = q^2 - 36p^2$
f) $(5x + 9y)\cdot(5x - 9y) = 25x^2 - 81y^2$
g) $(7e - 6f)\cdot(7e + 6f) = 49e^2 - 36f^2$
h) $(10m - 3n)\cdot(10m + 3n) = 100m^2 - 9n^2$
i) $(15s + 15t)\cdot(15s - 15t) = 225s^2 - 225t^2$
j) $(12p - 10q)\cdot(12p + 10q) = 144p^2 - 100q^2$
k) $(30x + 40y)\cdot(30x - 40y) = 900x^2 - 1600y^2$
l) $(18a - 5x)\cdot(18a + 5x) = 324a^2 - 25x^2$

42. a) $(9x + 0{,}4y)\cdot(9x - 0{,}4y) = 81x^2 - 0{,}16y^2$
b) $(0{,}8s - 7t)\cdot(0{,}8s + 7t) = 0{,}64s^2 - 49t^2$
c) $(1{,}4m + 10n)\cdot(1{,}4m - 10n) = 1{,}96m^2 - 100n^2$
d) $(0{,}7p - 0{,}6q)\cdot(0{,}7p + 0{,}6q) = 0{,}49p^2 - 0{,}36q^2$
e) $(\frac{3}{8}e + f)\cdot(\frac{3}{8}e - f) = \frac{9}{64}e^2 - f^2$
f) $(\frac{1}{5}a - \frac{3}{4}b)\cdot(\frac{1}{5}a + \frac{3}{4}b) = \frac{1}{25}a^2 - \frac{9}{16}b^2$
g) $(ax + y)\cdot(ax - y) = a^2x^2 - y^2$
h) $(6u^2v + 4v)\cdot(6u^2v - 4v) = 36u^4v^2 - 16v^2$
i) $(1{,}2p^2q - 1{,}2pq^2)\cdot(1{,}2p^2q + 1{,}2pq^2) = 1{,}44p^4q^2 - 1{,}44p^2q^4$
j) $(\frac{3}{5}ax - \frac{4}{5}y)\cdot(\frac{3}{5}ax + \frac{4}{5}y) = \frac{9}{25}a^2x^2 - \frac{16}{25}y^2$

21. Vermischte Übungen

43. a) $7\cdot(3p - 5) = 21p - 35$
b) $- 2b\cdot(3a^2 - 12ab) = - 6a^2b + 24ab^2$
c) $(- 7x + y - 9y^2)\cdot 4x = - 28x^2 + 4xy - 36xy^2$

d) $(8s + 5)\cdot(2 - 2t) = 16s - 16st + 10 - 10t$
e) $(1{,}5e - 0{,}3f)\cdot(1{,}4e - 0{,}6) = 2{,}1e^2 - 0{,}9e - 0{,}42ef + 0{,}18f$
f) $(u^2v^3 + 8w^2)\cdot(-3u - 5vw^2) = -3u^3v^3 - 5u^2v^4w^2 - 24uw^2 - 40vw^4$

44. a) $(8m + 3n)\cdot(2n - 4m) = -32m^2 + 4mn + 6n^2$
b) $(5z - 5)\cdot(9z + 6) = 45z^2 - 15z - 30$
c) $(0{,}6e + 0{,}4f)\cdot(-0{,}7e - 0{,}6f) + 0{,}3ef = -0{,}42e^2 - 0{,}34ef - 0{,}24f^2$
d) $(10 - 8x)\cdot(2x + 20) + (8 + 5x)\cdot(-4x - 7) =$
$20x + 200 - 16x^2 - 160x - 32x - 56 - 20x^2 - 35x = -36x^2 - 207x + 144$
e) $(\frac{3}{4})\cdot(-12a + 8b) + (\frac{1}{5}a - 2)\cdot(10 + 5b) =$
$-9a + 6b + 2a + ab - 20 - 10b = ab - 7a - 4b - 20$
f) $(\frac{5}{7}u + \frac{2}{3}v)\cdot(\frac{1}{2}u - \frac{2}{5}v) + (\frac{2}{5}u - \frac{1}{3}v)\cdot(\frac{3}{7}u - \frac{3}{2}v) =$
$\frac{15}{14}u^2 - \frac{10}{35}uv + \frac{2}{6}uv - \frac{4}{15}v^2 + \frac{6}{35}u^2 - \frac{6}{10}uv - \frac{3}{21}uv + \frac{3}{6}v^2 =$
$\frac{37}{70}u^2 - \frac{73}{105}uv + \frac{7}{30}v^2$

45. a) $(8e^2 - 5f)\cdot(8e^2 + 5f) = 64e^4 - 25f^2$
b) $(7m + 3n)^2 = 49m^2 + 42mn + 9n^2$
c) $(\frac{1}{6}s + \frac{2}{9}t)\cdot(\frac{1}{6}s - \frac{2}{9}t) = \frac{1}{36}s^2 - \frac{4}{81}t^2$
d) $(5ax - 2b)^2 = 25a^2x^2 - 20abx + 4b^2$
e) $(\frac{3}{7}a - \frac{2}{3}b)^2 = \frac{9}{49}a^2 - \frac{4}{7}ab + \frac{4}{9}b^2$
f) $(\frac{2}{5}xy + \frac{1}{4}x)^2 = \frac{4}{25}x^2y^2 + \frac{1}{5}x^2y + \frac{1}{16}x^2$

46. a) $(2p - 3q)^2 + (4q + 5p)^2 = 4p^2 - 12pq + 9q^2 + 16q^2 + 40pq + 25p^2 =$
$29p^2 + 28pq + 25q^2$
b) $(8m - n)\cdot(8m + n) - (m - 2n)^2 = 64m^2 - n^2 - m^2 + 4mn - 4n^2 =$
$63m^2 + 4mn - 5n^2$
c) $(10u^2 - 15v)\cdot(10u^2 + 15v) + (5u^2 - 15v)^2 =$
$100u^4 - 225v^2 + 25u^4 - 150u^2v + 225v^2 = 125u^4 - 150u^2v$
d) $(0{,}5x^2 - 0{,}2y^2)^2 - (0{,}9x^2 - 0{,}7y^2)\cdot(0{,}9x^2 + 0{,}7y^2) =$
$0{,}25x^4 - 0{,}2x^2y^2 + 0{,}04y^4 - 0{,}81x^4 + 0{,}49y^4 =$
$-0{,}56x^4 - 0{,}2x^2y^2 + 0{,}53y^4$

22. Test

47. a) $x\cdot(15 - 5x) = 15x - 5x^2$
b) $(s^2 + 4s)\cdot 4t = 4s^2t + 16st$

c) $(3a + 5)\cdot(7 - 9a) = - 27a^2 - 24a + 35$
d) $(pq^2 - r)\cdot(p^2q - r^2) = p^3q^3 - p^2qr - pq^2r^2 + r^3$
e) $(6x - 7y + 8z)\cdot(3 - 2x) = - 12x^2 + 14xy - 16xz + 18x - 21y + 24z$

48. a) $(25e - 3f)\cdot(2f - 10e) = 50ef - 250e^2 - 6f^2 + 30ef = - 250e^2 + 80ef - 6f^2$
b) $22pq + (4q + 6p)\cdot(- 7p + q) = 22pq - 28qp + 4q^2 - 42p^2 + 6pq = 4q^2 - 42p^2$
c) $(1{,}5x - 2{,}5y)\cdot(- 4x - 6y) + 3x^2\cdot(2 + y) =$
$-6x^2 - 9xy + 10xy + 15y^2 + 6x^2 + 3x^2y = 3x^2y+xy+15y^2$
d) $(\frac{2}{9}a + \frac{1}{4}b)\cdot(\frac{3}{4}a + \frac{1}{6}b) + (\frac{2}{3}a)\cdot(a - 3b) =$

$\frac{6}{36}a^2 + \frac{2}{54}ab + \frac{3}{16}ab + \frac{1}{24}b^2 + \frac{2}{3}a^2 - \frac{6}{3}ab =$

$\frac{6}{36}a^2 + \frac{24}{36}a^2 + \frac{16}{432}ab + \frac{81}{432}ab - \frac{864}{432}ab + \frac{1}{24}b^2 = \frac{5}{6}a^2 - \frac{767}{432}ab + \frac{1}{24}b^2$

49. a) $(7a + 7b)^2 = 49a^2 + 98ab + 49b^2$
b) $(x^3y + z^2)\cdot(x^3y - z^2) = x^6y^2 - z^4$
c) $(4e^2 - 7f)^2 = 16e^4 - 56e^2f + 49f^2$
d) $(\frac{4}{5}s - \frac{3}{4}t)\cdot(\frac{4}{5}s + \frac{3}{4}t) = \frac{16}{25}s^2 - \frac{9}{16}t^2$
e) $(\frac{5}{6}n - \frac{3}{2}m^2n)^2 = \frac{25}{36}n^2 - \frac{5}{2}m^2n^2 + \frac{9}{4}m^4n^2$

50. a) $(7r - 3s)^2 + (4s + 7r)^2 = 49r^2 - 42rs + 9s^2 + 16s^2 + 56rs + 49r^2 = 98r^2 + 14rs + 25s^2$
b) $(12a - 5b)\cdot(12a + 5b) + (6a - 4b)^2 =$
$144a^2 - 25b^2 + 36a^2 - 48ab + 16b^2 = 180a^2 - 48ab - 9b^2$
c) $(5x + 5y^2)^2 + (6x - 8y^2)\cdot(6x + 8y^2) =$
$25x^2 + 50xy^2 + 25y^4 + 36x^2 - 64y^4 = 61x^2 + 50xy^2 - 39y^4$
d) $(9pq^2 - 7p)\cdot(9pq^2 + 7p) - (2pq^2 + 8p)\cdot(2pq^2 - 8p) =$
$81p^2q^4 - 49p^2 - 4p^2q^4 + 64p^2 = 77p^2q^4 + 15p^2$

23. Faktorisieren durch Ausklammern eines Faktors

51. a) $7ab + 7c = 7\cdot(ab + c)$
b) $12xy - 24x = 12x\cdot(y - 2)$
c) $18s^2 + 9st^2 = 9s\cdot(2s + t^2)$
d) $x^2 + x = x\cdot(x + 1)$
e) $m^2n - mn^2 - m^2n^2 = mn\cdot(m - n - mn)$ oder $- mn\cdot(- m + n + mn)$
f) $- 6a^2x^2 - 9ax^2 + 12a^3x^3 = - 3ax^2\cdot(2a + 3 - 4a^2x)$
oder $3ax^2\cdot(- 2a - 3 + 4a^2x)$

g) $\frac{1}{2}x^2 - \frac{1}{4}x^3 = \frac{1}{2}x^2\cdot(1- \frac{1}{2}x)$

52. a) $75xy - 150x^2y - 175xy^2 = \mathbf{25xy}\cdot(3 - 6x - 7y)$
b) $2p - 4p^2 - 8p^3 = \mathbf{2p}\cdot(1 - 2p - 4p^2)$
c) $5{,}5s^2 + 3{,}3s^4 + 7{,}7s^3 = \mathbf{1{,}1s^2}\cdot(5 + 3s^2 + 7s)$
d) $-\frac{1}{3}pq - \frac{2}{9}p^2 = \mathbf{-\frac{1}{9}p}\cdot(3q + 2p)$

24. Faktorisieren durch Ausklammern einer Summe

53. a) $xy + xz + 4y + 4z = x\cdot(y + z) + 4\cdot(y + z) = (x + 4)\cdot(y + z)$
b) $7s - 21t + s^2 - 3st = 7\cdot(s - 3t) + s\cdot(s - 3t) = (7 + s)\cdot(s - 3t)$
c) $9b^2 - 18b + 5b - 10 = 9b\cdot(b - 2) + 5\cdot(b - 2) = (9b + 5)\cdot(b - 2)$
d) $ab + a - b^2 - b = a\cdot(b + 1) - b\cdot(b + 1) = (a - b)\cdot(b + 1)$
e) $cx + c + x + 1 = c\cdot(x + 1) + 1\cdot(x + 1) = (c + 1)\cdot(x + 1)$
f) $9mp - 6mq + 24np - 16nq = 3m\cdot(3p - 2q) + 8n\cdot(3p - 2q) =$
$(3m + 8n)\cdot(3p - 2q)$

54. a) $9tu - 15tv + 21t^2u - 35t^2v = 3t\cdot(3u - 5v) + 7t^2\cdot(3u - 5v) =$
$(3t + 7t^2)\cdot(3u - 5v)$
b) $3a - 12 - 15a^3 + 60a^2 = 3\cdot(a - 4) - 15a^2\cdot(a - 4) = (3 - 15a^2)\cdot(a - 4)$
c) $2a^3 - 3a^2b + 6ab - 9b^2 = a^2\cdot(2a - 3b) + 3b\cdot(2a - 3b) =$
$(a^2 + 3b)\cdot(2a - 3b)$
d) $2u^3 - 3u^2v - 6uv + 9v^2 = u^2\cdot(2u - 3v) - 3v\cdot(2u - 3v) =$
$(u^2 - 3v)\cdot(2u - 3v)$
e) $3a + ax + 5ab + 6c + 2cx + 10bc = a\cdot(3 + x + 5b) + 2c\cdot(3 + x + 5b)$
$= (a + 2c)\cdot(3 + x + 5b)$
f) $6a - 3a^2 - 15ab + 4c - 2ac - 10bc = 3a\cdot(2 - a - 5b) + 2c\cdot(2 - a - 5b)$
$= (3a + 2c)\cdot(2 - a - 5b)$

25. Faktorisieren mit Hilfe der 1. binomischen Formel

55. a) $a^2 + 6ax + 9x^2 = (\mathbf{a} + 3x)^2$
b) $81p^2 + 36pq + 4q^2 = (\mathbf{9p} + 2q)^2$
c) $64m^2 + \mathbf{16mn} + n^2 = (8m + n)^2$
d) $9u^2 + \mathbf{42u} + 49 = (3u + \mathbf{7})^2$
e) $\frac{4}{9}s^2 + \frac{4}{3}st + t^2 = (\mathbf{\frac{2}{3}s} + t)^2$
f) $\mathbf{\frac{1}{16}e^2} + \frac{3}{10}ef + \frac{9}{25}f^2 = (\frac{1}{4}e + \mathbf{\frac{3}{5}f})^2$

56. a) $36a^2 + 48a + 16 = (6a + 4)^2$
b) $100u^2 + 140uv + 49v^2 = (10u + 7v)^2$
c) $1 + 26x + 169x^2 = (1 + 13x)^2$
d) $0{,}16p^2 + 0{,}24pq + 0{,}09q^2 = (0{,}4p + 0{,}3q)^2$
e) $\frac{4}{9}e^2 + \frac{16}{21}ef + \frac{16}{49}f^2 = (\frac{2}{3}e + \frac{4}{7}f)^2$

26. Faktorisieren mit Hilfe der 2. binomischen Formel

57. a) $4x^2 - 24x + 36 = (2x - \mathbf{6})^2$
b) $49a^2 - 56ab + 16b^2 = (\mathbf{7a} - 4b)^2$
c) $121e^2 - \mathbf{66ef} + 9f^2 = (11e - 3f)^2$
d) $64p^2 - \mathbf{192p} + 144 = (8p - \mathbf{12})^2$
e) $\frac{1}{4}x^2 - xy + y^2 = (\mathbf{\frac{1}{2}x} - y)^2$
f) $\mathbf{\frac{1}{9}u^2} - \frac{4}{5}u + \frac{36}{25} = (\frac{1}{3}u - \mathbf{\frac{6}{5}})^2$
g) $\frac{16}{81}s^2 - \mathbf{\frac{7}{9}st} + \frac{49}{64}t^2 = (\mathbf{\frac{4}{9}s} - \mathbf{\frac{7}{8}}t)^2$

58. a) $81p^2 - 90p + 25 = (9p - 5)^2$
b) $196a^2 - 224ab + 64b^2 = (14a - 8b)^2$
c) $225u^2 - 330uv + 121v^2 = (15u - 11v)^2$
d) $0{,}36m^2 - 1{,}2mn + n^2 = (0{,}6m - n)^2$
e) $a^2b^2 - 14abc + 49c^2 = (ab - 7c)^2$
f) $\frac{9}{25}e^2 - \frac{36}{35}ef + \frac{36}{49}f^2 = (\frac{3}{5}e - \frac{6}{7}f)^2$
g) $\frac{121}{169}e^2 - \frac{11}{13}ef + \frac{1}{4}f^2 = (\frac{11}{13}e - \frac{1}{2}f)^2$

27. Faktorisieren mit Hilfe der 3. binomischen Formel

59. a) $9a^2 - 16 = (\mathbf{3a} + 4)\cdot(\mathbf{3a} - 4)$
b) $25p^2 - 49q^2 = (5p - \mathbf{7q})\cdot(5p + \mathbf{7q})$
c) $x^2 - 169y^2 = (x - \mathbf{13y})\cdot(x + \mathbf{13y})$
d) $1 - 100m^2 = (\mathbf{1} + 10m)\cdot(\mathbf{1} - 10m)$
e) $0{,}81u^2 - 1{,}96v^2 = (0{,}9u + \mathbf{1{,}4v})\cdot(0{,}9u - \mathbf{1{,}4v})$
f) $a^4b^2 - 2{,}25b^2 = (\mathbf{a^2b} - 1{,}5b)\cdot(\mathbf{a^2b} + 1{,}5b)$
g) $\frac{16}{36}s^2 - \frac{64}{49}t^2 = (\frac{4}{6}s + \mathbf{\frac{8}{7}t})\cdot(\frac{4}{6}s - \mathbf{\frac{8}{7}t})$
h) $\frac{9}{49}e^4f^2 - f^4 = (\mathbf{\frac{3}{7}e^2f} - f^2)\cdot(\mathbf{\frac{3}{7}e^2f} + f^2)$

60. a) $36m^2 - n^2 = (6m - n)\cdot(6m + n)$
b) $1 - 169p^2 = (1 + 13p)\cdot(1 - 13p)$
c) $400u^2 - 100v^2 = (20u - 10v)\cdot(20u + 10v)$
d) $0{,}16s^2 - 196t^2 = (0{,}4s - 14t)\cdot(0{,}4s + 14t)$
e) $0{,}04a^2 - 1{,}21b^2 = (0{,}2a + 1{,}1b)\cdot(0{,}2a - 1{,}1b)$
f) $x^4y^4 - x^2y^4 = (x^2y^2 + xy^2)\cdot(x^2y^2 - xy^2)$

g) $\frac{25}{81}e^2 - 144f^2 = (\frac{5}{9}e - 12f)\cdot(\frac{5}{9}e + 12f)$

h) $\frac{9}{64}p^2 - 2{,}25p^2q^2 = (\frac{3}{8}p + 1{,}5pq)\cdot(\frac{3}{8}p - 1{,}5pq)$

28. Vermischte Übungen

61. a) $4xy + 12x = 4x\cdot(y + 3)$
b) $5u - 30u^2 = 5u\cdot(1 - 6u)$
c) $24a^2bc^2 - 36ab^2c^2 + 18a^2b^2c = 6abc\cdot(4ac - 6bc + 3ab)$
d) $\frac{1}{2}m + 2m^2n^2 = \frac{1}{2}m\cdot(1 + 4mn^2)$
e) $\frac{1}{4}rst + \frac{3}{8}rt - \frac{3}{4}r^2st^2 = \frac{1}{4}rt\cdot(s + \frac{3}{2} - 3rst)$
f) $7x^2 - 21x^3 + 2y - 6xy = 7x^2\cdot(1 - 3x) + 2y\cdot(1 - 3x) =$
$(7x^2 + 2y)\cdot(1 - 3x)$
g) $6uv + 15u^2 - 8v^2 - 20uv = 3u\cdot(2v + 5u) - 4v\cdot(2v + 5u) =$
$(3u - 4v)\cdot(2v + 5u)$

62. a) $16a^2 - 88ab + 121b^2 = (4a - 11b)^2$
b) $49r^2 - 81 = (7r - 9)\cdot(7r + 9)$
c) $x^4y^6 + 2x^3y^3 + x^2 = (x^2y^3 + x)^2$
d) $121s^2t^2 - 169s^4 = (11st + 13s^2)\cdot(11st - 13s^2)$
e) $\frac{16}{81}p^2 - \frac{8}{3}p + 9 = (\frac{4}{9}p - 3)^2$
f) $\frac{144}{169}p^4 + \frac{30}{13}p^2q + \frac{25}{16}q^2 = (\frac{12}{13}p^2 + \frac{5}{4}q)^2$

63. a) $2m^2 - 12mn + 18n^2 = 2\cdot(m^2 - 6mn + 9n^2) = 2\cdot(m - 3n)^2$
b) $80a^2 - 45b^2 = 5\cdot(16a^2 - 9b^2) = 5\cdot(4a + 3b)\cdot(4a - 3b)$
c) $4a^3 + 40a^2b + 100ab^2 = a\cdot(4a^2 + 40ab + 100b^2) = a\cdot(2a + 10b)^2$
oder: $4a^3 + 40a^2b + 100ab^2 = 4a\cdot(a^2 + 10ab + 25b^2) = 4a\cdot(a + 5b)^2$
d) $50x^3 + 160x^2 + 128x = 2x\cdot(25x^2 + 80x + 64) = 2x\cdot(5x + 8)^2$
e) $\frac{3}{4}e^3 - \frac{3}{9}ef^2 = 3e\cdot(\frac{1}{4}e^2 - \frac{1}{9}f^2) = 3e\cdot(\frac{1}{2}e + \frac{1}{3}f)\cdot(\frac{1}{2}e - \frac{1}{3}f)$

29. Test

64. a) $18x^2 - 27x = 9x\cdot(2x - 3)$
b) $22a^2b^2 - 55ab^2 + 33a^2b = 11ab\cdot(2ab - 5b + 3a)$
c) $15r^4s^2t^3 + 25r^2s^4t^4 - 35r^3s^3t^2 = 5r^2s^2t^2\cdot(3r^2t + 5s^2t^2 - 7rs)$
d) $\frac{1}{5}p^3 + \frac{3}{5}p^2 + \frac{7}{10}p = \frac{1}{5}p\cdot(p^2 + 3p + \frac{7}{2})$

e) $4u^3 - 10u^2 + 6uv - 15v = 2u^2\cdot(2u - 5) + 3v\cdot(2u - 5) =$
$(2u^2 + 3v)\cdot(2u - 5)$

f) $ac + bc - a - b = c\cdot(a + b) - 1\cdot(a + b) = (a + b)\cdot(c - 1)$

65. a) $16a^2 + 25b^2$ nicht möglich, denn
$(4a + 5b)^2 = 16a^2 \mathbf{+ 40ab} + 25b^2$

b) $64s^2 - 121 = (8s - 11)\cdot(8s + 11)$

c) $0{,}49x^2 - 0{,}81y^2 = (0{,}7x + 0{,}9y)\cdot(0{,}7x - 0{,}9y)$

d) $9u^2 + 80uv + 100v^2$ nicht möglich, denn
$(3u + 10v)^2 = 9u^2 + \mathbf{60}uv + 100v^2$

e) $p^2 - 4pq + 4pq^2$ nicht möglich, denn
$(p - 2q)^2 = p^2 - 4pq + 4\mathbf{q^2}$

f) $\frac{100}{121}e^4f^2 - \frac{25}{64}f^2 = (\frac{10}{11}e^2f + \frac{5}{8}f)\cdot(\frac{10}{11}e^2f - \frac{5}{8}f)$

66. a) $16 + x^2 \neq (4 + x)^2$

b) $49u^2 - 70u + 25 = (7u - 5)^2$

c) $48ab + 9b^2 + 64a^2 = (8a + 3b)^2$

d) $5a^2 - 50ab + 125b^2 = 5\cdot(a - 5b)^2$

e) $\frac{1}{9}r^4 - \frac{25}{49}r^3q^4 \neq (\frac{1}{3}r^2 + \frac{5}{7}rq^2)\cdot(\frac{1}{3}r^2 - \frac{5}{7}rq^2)$

67. a) $27p^2 + 18p + 3 = 3\cdot(9p^2 + 6p + 1) = 3\cdot(3p + 1)^2$

b) $7c^3 - 28c = 7c\cdot(c^2 - 4) = 7c\cdot(c + 2)\cdot(c - 2)$

c) $2x^4y^2z - 1{,}6x^2yz + 0{,}32z = 2z\cdot(x^4y^2 - 0{,}8x^2y + 0{,}16) =$
$2z\cdot(x^2y - 0{,}4)^2$

d) $5a^4b + \frac{20}{3}a^2b^2 + \frac{20}{9}b^3 = 5b\cdot(a^4 + \frac{4}{3}a^2b + \frac{4}{9}b^2) = 5b\cdot(a^2 + \frac{2}{3}b)^2$

30. Definitionsmenge von Bruchtermen

68. a) $\frac{9}{x}$ $D = Q \setminus \{0\}$

b) $\frac{5 - y}{4y}$ $D = Q \setminus \{0\}$

c) $\frac{7}{s + 5}$ $D = Q \setminus \{-5\}$

d) $\frac{3a - 8}{6}$ $D = Q$

e) $\frac{13 - 2x}{2 - 2x}$ $D = Q \setminus \{1\}$

f) $\frac{18z}{4z - 6}$ $D = Q \setminus \{1{,}5\}$

g) $\frac{7}{7 - 3y}$ $D = Q \setminus \{\frac{7}{3}\}$

h) $\frac{9s^2 - 5s}{-5 - 2s}$ $D = Q \setminus \{-2{,}5\}$

31. Definitionsmenge von Bruchtermen (Fortsetzung)

69. Nennerzerlegung:

a) $\frac{3x}{x^2 + 5x}$ $D = Q \setminus \{0; -5\}$ $[x(x + 5)]$

b) $\frac{2 - y}{7y^2 - 14y}$ $D = Q \setminus \{0; 2\}$ $[7y(y - 2)]$

c) $\frac{5a - 3}{3a - 2a^2}$ $D = Q \setminus \{0; 1,5\}$ $[a(3 - 2a)]$

d) $\frac{11y - 8}{y^2 - 49}$ $D = Q \setminus \{7; -7\}$ $[(y + 7)(y - 7)]$

e) $\frac{4}{25z^2 + 40z + 16}$ $D = Q \setminus \{-\frac{4}{5}\}$ $[(5z + 4)(5z + 4)]$

f) $\frac{7s^2 - 20}{45s^2 - 20}$ $D = Q \setminus \{\frac{2}{3}; -\frac{2}{3}\}$ $[5(3s - 2)(3s + 2)]$

g) $\frac{15a}{-4a^2 - 4a - 1}$ $D = Q \setminus \{-\frac{1}{2}\}$ $[-(2a + 1)^2]$

32. Kürzen von Bruchtermen

70. a) $\frac{5 + x}{10 + x}$ nicht möglich!

b) $\frac{14x}{21x^2} = \frac{2}{3x}$ Kürzungsfaktor KF: $7x$

c) $\frac{60x^2y^2}{75xy^3} = \frac{4x}{5y}$ KF: $15xy^2$

d) $\frac{3s^2t - 6st^2}{s^2 - 2st} = \frac{3st \cdot (s - 2t)}{s \cdot (s - 2t)} = 3t$ KF: $s \cdot (s - 2t)$

e) $\frac{a^2 - 2ab}{4a^3 - 8a^2b} = \frac{a \cdot (a - 2b)}{4a^2 \cdot (a - 2b)} = \frac{1}{4a}$ KF: $a \cdot (a - 2b)$

f) $\frac{x + 4}{x^2 + 8x + 16} = \frac{x + 4}{(x + 4)^2} = \frac{1}{x + 4}$ KF: $x + 4$

g) $\frac{u^2 - 25}{u^2 - 10u + 25} = \frac{(u + 5) \cdot (u - 5)}{(u - 5)^2} = \frac{u + 5}{u - 5}$ KF: $u - 5$

h) $\frac{9a^2 - 49b^2}{6a^2 - 14ab} = \frac{(3a + 7b) \cdot (3a - 7b)}{2a \cdot (3a - 7b)} = \frac{3a + 7b}{2a}$ KF: $3a - 7b$

33. Erweitern von Bruchtermen

71. a) $\frac{4}{7 - y} = \frac{4 \quad \mathbf{\cdot 3y}}{(7 - y) \mathbf{\cdot 3y}} = \frac{12y}{21y - 3y^2}$

b) $\frac{5s + 4}{8 - 3s} = \frac{(5s + 4) \mathbf{\cdot (-2s)}}{(8 - 3s) \mathbf{\cdot (-2s)}} = \frac{-10s^2 - 8s}{-16s + 6s^2}$

72. a) $\frac{2-a}{7a} = \frac{(2-a)\cdot\mathbf{3ab^2}}{7a\cdot\mathbf{3ab^2}} = \frac{6ab^2 - 3a^2b^2}{21a^2b^2}$

b) $\frac{y}{y+2} = \frac{y\cdot\mathbf{y}}{(y+2)\cdot\mathbf{y}} = \frac{y^2}{y^2+2y}$

c) $\frac{3+4u}{2u+5} = \frac{(3+4u)\cdot\mathbf{(2u-5)}}{(2u+5)\cdot\mathbf{(2u-5)}} = \frac{8u^2 - 14u - 15}{4u^2 - 25}$

34. Erweitern von Bruchtermen auf den Hauptnenner

73. a) $\frac{7\cdot\mathbf{5}}{4x\cdot\mathbf{5}} = \frac{35}{20x}$ $\quad\frac{9}{20x}$ bleibt

b) $\frac{4\cdot\mathbf{3a}}{3a\cdot\mathbf{3a}} = \frac{12a}{9a^2}$ $\quad\frac{3}{9a^2}$ bleibt

c) $\frac{(y-2)\cdot\mathbf{y}}{15y^2\cdot\mathbf{y}} = \frac{y^2-2y}{15y^3}$ $\quad\frac{y\cdot\mathbf{3}}{5y^3\cdot\mathbf{3}} = \frac{3y}{15y^3}$

d) $\frac{3x\cdot\mathbf{3}}{28x\cdot\mathbf{3}} = \frac{9x}{84x}$ $\quad\frac{(6-5x)\cdot\mathbf{4}}{21x\cdot\mathbf{4}} = \frac{24-20x}{84x}$

e) $\frac{(2b-3)\cdot\mathbf{8}}{b^2\cdot\mathbf{8}} = \frac{16b-24}{8b^2}$ $\quad\frac{(2b+6)\cdot\mathbf{b}}{8b\cdot\mathbf{b}} = \frac{2b^2+6b}{8b^2}$

f) $\frac{(7-5z)\cdot\mathbf{5z}}{45x^2z\cdot\mathbf{5z}} = \frac{35z-25z^2}{225x^2z^2}$ $\quad\frac{(z^2-6)\cdot\mathbf{3x}}{75xz^2\cdot\mathbf{3x}} = \frac{3xz^2-18x}{225x^2z^2}$

g) $\frac{(8x+4)\cdot\mathbf{5x}}{36x^2y^3\cdot\mathbf{5x}} = \frac{40x^2+20x}{180x^3y^3}$ $\quad\frac{(1+9x)\cdot\mathbf{3y}}{60x^3y^2\cdot\mathbf{3y}} = \frac{3y+27xy}{180x^3y^3}$

35. Erweitern von Bruchtermen auf den Hauptnenner (Fortsetzung)

74. a) $\frac{5\cdot\mathbf{(a+3)}}{2a\cdot\mathbf{(a+3)}} = \frac{5a+15}{2a^2+6a}$ $\quad\frac{7a\cdot\mathbf{2a}}{(a+3)\cdot\mathbf{2a}} = \frac{14a^2}{2a^2+6a}$

b) $\frac{1\cdot\mathbf{7}}{(5y-5)\cdot\mathbf{7}} = \frac{7}{35y-35}$ $\quad\frac{1\cdot\mathbf{5}}{(7y-7)\cdot\mathbf{5}} = \frac{5}{35y-35}$

c) $\frac{5\cdot\mathbf{(x+3)}}{(4x-12)\cdot\mathbf{(x+3)}} = \frac{5x+15}{4x^2-36}$ $\quad\frac{6\cdot\mathbf{(4x-12)}}{(x+3)\cdot\mathbf{(4x-12)}} = \frac{24x-72}{4x^2-36}$

d) $\frac{4\cdot\mathbf{8}}{(s+s^2)\cdot\mathbf{8}} = \frac{32}{8s+8s^2}$ $\quad\frac{12\cdot\mathbf{s}}{(8+8s)\cdot\mathbf{s}} = \frac{12s}{8s+8s^2}$

e) $\frac{b^2\cdot\mathbf{3}}{(b^2-1)\cdot\mathbf{3}} = \frac{3b^2}{3b^2-3}$ $\quad\frac{4\cdot\mathbf{(b-1)}}{(3b+3)\cdot\mathbf{(b-1)}} = \frac{4b-4}{3b^2-3}$

f) $\frac{(u+3)}{(9u^2-4)}$ $\quad\frac{(5u-2)}{(9u^2+12u+4)}$

$$9u^2 - 4 \qquad = (3u - 2)\cdot(3u + 2)$$
$$9u^2 + 12u + 4 \qquad = \qquad (3u + 2)\cdot(3u + 2)$$

$$\text{HN:} \qquad (3u - 2)\cdot(3u + 2)\cdot(3u + 2) = (9u^2 - 4)\cdot(3u + 2)$$

$$\frac{(u + 3) \quad \mathbf{\cdot(3u + 2)}}{(9u^2 - 4) \quad \mathbf{\cdot(3u + 2)}} = \frac{3u^2 + 11u + 6}{(9u^2 - 4)\cdot(3u + 2)}$$

$$\frac{(5u - 2) \quad \mathbf{\cdot(3u - 2)}}{(9u^2 + 12u + 4) \quad \mathbf{\cdot(3u - 2)}} = \frac{15u^2 - 16u + 4}{(9u^2 - 4)\cdot(3u + 2)}$$

36. Addition/Subtraktion von Bruchtermen mit gleichen Nennern

75. a) $\frac{3}{y} + \frac{5}{y} = \frac{8}{y}$

b) $\frac{4}{3a} - \frac{7}{3a} = -\frac{3}{3a} = -\frac{1}{a}$

c) $\frac{4}{b - 5} - \frac{4}{b - 5} = \frac{0}{b - 5} = 0$

d) $\frac{2x - 5}{x + 1} + \frac{2x + 5}{x + 1} = \frac{4x}{x + 1}$

e) $\frac{5x - 3}{4x + 3} + \frac{9 + x}{4x + 3} = \frac{6x + 6}{4x + 3}$

f) $\frac{7z + 4}{z^2 - 2} + \frac{4 - 7z}{z^2 - 2} = \frac{8}{z^2 - 2}$

g) $\frac{5s}{3s - 4} + \frac{6}{3s - 4} - \frac{5s + 6}{3s - 4} = \frac{0}{3s - 4} = 0$

h) $\frac{1}{1 - 2u} - \frac{4u^2}{1 - 2u} = \frac{1 - 4u^2}{1 - 2u} = \frac{(1 - 2u)\cdot(1 + 2u)}{1 - 2u} = 1 + 2u$

i) $\frac{3a^2 + 4a - 5}{2a - 3} - \frac{5a^2 + a - 5}{2a - 3} = \frac{-2a^2 + 3a}{2a - 3} = \frac{-a\cdot(2a - 3)}{2a - 3} = -a$

j) $\frac{2q^2 - 9}{5q - 15} + \frac{14 - 10q + 3q^2}{5q - 15} - \frac{5 - 7q + 4q^2}{5q - 15} = \frac{q^2 - 3q}{5q - 15} = \frac{q\cdot(q - 3)}{5\cdot(q - 3)} = \frac{q}{5}$

37. Addition/Subtraktion von Bruchtermen mit verschiedenen Nennern

76. a) $\frac{1}{2x} - \frac{3}{10x} = \frac{5 - 3}{10x} = \frac{2}{10x} = \frac{1}{5x}$

b) $\frac{2 - 4y}{y^2} + \frac{4}{y} = \frac{2 - 4y + 4y}{y^2} = \frac{2}{y^2}$

c) $\frac{s + 1}{5s} - \frac{s + 1}{4s} = \frac{4s + 4 - 5s - 5}{20s} = \frac{-s - 1}{20s}$

d) $\frac{5a - 3b}{3a} - \frac{5b - 3a}{3b} = \frac{5ab - 3b^2 - 5ab + 3a^2}{3ab} = \frac{3a^2 - 3b^2}{3ab} = \frac{a^2 - b^2}{ab}$

e) $\frac{6u - 7}{12u} + \frac{2 - 3u}{5u} = \frac{30u - 35 + 24 - 36u}{60u} = \frac{-6u - 11}{60u}$

f) $\frac{3x^2 - 7x}{8x^2} - \frac{4 - 8x}{9x} = \frac{27x^2 - 63x - 32x + 64x^2}{72x^2} = \frac{91x^2 - 95x}{72x^2} = \frac{91x - 95}{72x}$

g) $\frac{8 - b}{2b} + 1 = \frac{8 - b + 2b}{2b} = \frac{8 + b}{2b}$

h) $5 + \frac{y^2 - 3}{4y^2} = \frac{20y^2 + y^2 - 3}{4y^2} = \frac{21y^2 - 3}{4y^2}$

i) $\frac{5}{3x} - \frac{3 + 6x}{4x^2} + \frac{5x - x^2}{8x^3} = \frac{40x^2 - 18x - 36x^2 + 15x - 3x^2}{24x^3} =$

$\frac{x^2 - 3x}{24x^3} = \frac{x \cdot (x - 3)}{24x^3} = \frac{x - 3}{24x^2}$

j) $z - \frac{12 - 9z}{3z} + \frac{4 - 2z}{2z} = \frac{6z^2 - 24 + 18z + 12 - 6z}{6z} =$

$\frac{6z^2 + 12z - 12}{6z} = \frac{6 \cdot (z^2 + 2z - 2)}{6z} = \frac{z^2 + 2z - 2}{z}$

38. Addition/Subtraktion von Bruchtermen mit verschiedenen Nennern (Fortsetzung)

77. a) $\frac{5}{4a + 4b} + \frac{3}{4a - 4b} = \frac{5}{4 \cdot (a + b)} + \frac{3}{4 \cdot (a - b)} = \frac{5a - 5b + 3a + 3b}{4 \cdot (a + b) \cdot (a - b)} =$

$\frac{8a - 2b}{4 \cdot (a^2 - b^2)} = \frac{4a - b}{2 \cdot (a^2 - b^2)}$

b) $\frac{8 - 3y}{y - 2} - \frac{4y + 5}{2y - 4} = \frac{8 - 3y}{y - 2} - \frac{4y + 5}{2 \cdot (y - 2)} = \frac{16 - 6y - 4y - 5}{2y - 4} = \frac{11 - 10y}{2y - 4}$

c) $\frac{2x}{36x^2 - 30x} + \frac{5}{12x - 10} = \frac{2x}{3x \cdot (12x - 10)} + \frac{5}{12x - 10} = \frac{2x + 15x}{36x^2 - 30x} =$

$\frac{17x}{36x^2 - 30x} = \frac{17}{36x - 30}$

d) $u + \frac{2u - 7}{u - 6} = \frac{u^2 - 6u + 2u - 7}{u - 6} = \frac{u^2 - 4u - 7}{u - 6}$

e) $\frac{5y}{x^2 + 2xy + y^2} - \frac{5}{x + y} = \frac{5y}{(x + y)^2} - \frac{5}{x + y} = \frac{5y - 5x - 5y}{(x + y)^2} = \frac{- 5x}{(x + y)^2}$

f) $\frac{- 3}{4x^2 - 28x + 49} - \frac{6}{4x^2 - 49} = \frac{- 3}{(2x - 7)^2} - \frac{6}{(2x + 7) \cdot (2x - 7)} =$

$\frac{- 3 \cdot (2x + 7) - 6 \cdot (2x - 7)}{(2x - 7)^2 \cdot (2x + 7)} = \frac{- 6x - 21 - 12x + 42}{(2x - 7)^2 \cdot (2x + 7)} = \frac{- 18x + 21}{(2x - 7)^2 \cdot (2x + 7)}$

g) $\frac{2x - 7}{9x^2 - 16} + \frac{5 + x}{(3x + 4)^2} = \frac{2x - 7}{(3x - 4) \cdot (3x + 4)} + \frac{5 + x}{(3x + 4)^2} =$

$\frac{(2x - 7) \cdot (3x + 4) + (5 + x) \cdot (3x - 4)}{(3x + 4)^2 \cdot (3x - 4)} =$

$\frac{6x^2 + 8x - 21x - 28 + 15x - 20 + 3x^2 - 4x}{(3x + 4)^2 \cdot (3x - 4)} = \frac{9x^2 - 2x - 48}{(3x + 4)^2 \cdot (3x - 4)}$

39. Multiplikation von Bruchtermen

78. a) $\frac{5}{8x} \cdot \frac{2}{3x^2} = \frac{10}{24x^3} = \frac{5}{12x^3}$

b) $\frac{4x - 3}{2x} \cdot \frac{5}{4x + 3} = \frac{20x - 15}{8x^2 + 6x}$

c) $\frac{y - 8}{y + 8} \cdot \frac{y - 8}{y + 8} = \frac{(y - 8)^2}{(y + 8)^2} = \frac{y^2 - 16y + 64}{y^2 + 16y + 64}$

d) $\frac{- 8x^2y}{6yx} \cdot \frac{- 9xy^2}{- 12xy} = \frac{- 8x^2y \cdot (- 9xy^2)}{6yx \cdot (- 12xy)} = - xy$

e) $\frac{4s}{35s^2} \cdot 15s = \frac{60s^2}{35s^2} = \frac{12}{7}$

f) $\frac{24a}{7a^2} \cdot \frac{63a^2}{6a^2 + 18a} = \frac{24a \cdot 63a^2}{7a^2 \cdot 6a(a + 3)} = \frac{36}{a + 3}$

g) $\frac{12u^2}{a - b} \cdot \frac{a^2 - b^2}{16u} = \frac{12u^2 \cdot (a + b) \cdot (a - b)}{(a - b) \cdot 16u} = \frac{3u \cdot (a + b)}{4}$

h) $\frac{(1 + a)^2}{8a} \cdot \frac{4a^2}{1 - a^2} = \frac{(1 + a)^2 \cdot 4a^2}{8a \cdot (1 + a) \cdot (1 - a)} = \frac{a^2 + a}{2 - 2a}$

i) $\frac{9a^2}{5a^3 - 10a^2} \cdot \frac{a^2 - 4}{3a^2 + 6a} = \frac{9a^2 \cdot (a + 2) \cdot (a - 2)}{5a^2 \cdot (a - 2) \cdot 3a \cdot (a + 2)} = \frac{3}{5a}$

j) $\frac{36 - 49z^2}{24 + 28z} \cdot \frac{18z - 21z^2}{(6 - 7z)^2} = \frac{(6 + 7z) \cdot (6 - 7z) \cdot 3z \cdot (6 - 7z)}{4 \cdot (6 + 7z) \cdot (6 - 7z)^2} = \frac{3z}{4}$

40. Division von Bruchtermen

79. a) $\frac{16}{6x} : \frac{10}{3x^2} = \frac{16 \cdot 3x^2}{6x \cdot 10} = \frac{4x}{5}$

b) $\frac{12ab^2}{20a^3b} : \frac{9b}{15a^2} = \frac{12ab^2 \cdot 15a^2}{20a^3b \cdot 9b} = 1$

c) $\frac{2u - 3}{5u} : \frac{4u - 6}{35u^2} = \frac{(2u - 3) \cdot 35u^2}{5u \cdot 2 \cdot (2u - 3)} = \frac{7u}{2}$

d) $\frac{8s + 5t}{8s} : \frac{5t}{8s - 5t} = \frac{(8s + 5t) \cdot (8s - 5t)}{8s \cdot 5t} = \frac{64s^2 - 25t^2}{40st}$

e) $\frac{21y}{4y + 3} : 42y = \frac{21y}{(4y + 3) \cdot 42y} = \frac{1}{8y + 6}$

f) $x^2 - 9 : \frac{x - 3}{4x} = \frac{(x + 3) \cdot (x - 3) \cdot 4x}{x - 3} = 4x^2 + 12x$

g) $\frac{14x + 14}{12} : \frac{5x + 5}{18} = \frac{14 \cdot (x + 1) \cdot 18}{12 \cdot 5 \cdot (x + 1)} = \frac{21}{5}$

h) $\frac{24b - 16}{25 - b^2} : \frac{36b - 24}{15b + 3b^2} = \frac{8 \cdot (3b - 2) \cdot 3b \cdot (5 + b)}{(5 + b) \cdot (5 - b) \cdot 12 \cdot (3b - 2)} = \frac{2b}{5 - b}$

i) $\frac{(y + 1)^2}{28y^2 + 28y} : \frac{y^2 - 1}{7y - 7} = \frac{(y + 1)^2 \cdot 7 \cdot (y - 1)}{28y \cdot (y + 1) \cdot (y + 1) \cdot (y - 1)} = \frac{1}{4y}$

j) $$\frac{4a^2 + 8a + 4}{a - 1} : \frac{4a^2 - 4}{6a^2 - 6a} = \frac{(2a + 2)^2 \cdot 6a \cdot (a - 1)}{(a - 1) \cdot (2a + 2) \cdot (2a - 2)} =$$

$$\frac{(2a + 2) \cdot 6a}{(2a - 2)} = \frac{(2a + 2) \cdot 3a}{(a - 1)} = \frac{6a^2 + 6a}{a - 1}$$

41. Polynomdivision

80. a) $\frac{2x^2 + 5x - 12}{2x - 3} = x + 4$, denn: $(2x^2 + 5x - 12):(2x - 3) = x + 4$

$$\begin{array}{l}
\underline{-\ (2x^2 - 3x)} \\
\quad + 8x - 12 \\
\underline{\quad -\ (+ 8x - 12)} \\
\qquad\qquad 0
\end{array}$$

b) $\frac{15x^2 - 44x + 21}{5x - 3} = 3x - 7$, denn: $(15x^2 - 44x + 21):(5x - 3) = 3x - 7$

$$\begin{array}{l}
-\ \underline{(15x^2 - 9x)} \\
\quad - 35x + 21 \\
\underline{\quad -\ (- 35x + 21)} \\
\qquad\qquad 0
\end{array}$$

c) $\frac{36x^2 - 17x - 35}{- 9x + 7} = - 4x - 5$, denn: $(36x^2 + 17x - 35):(- 9x + 7) = - 4x - 5$

$$\begin{array}{l}
\underline{-\ (36x^2 - 28x)} \\
\quad + 45x - 35 \\
\underline{\quad -\ (+ 45x - 35)} \\
\qquad\qquad 0
\end{array}$$

d) $\frac{12x^2 - 16x + 5}{6x - 5} = 2x - 1$, denn: $(12x^2 - 16x + 5):(6x - 5) = 2x - 1$

$$\begin{array}{l}
\underline{-\ (12x^2 - 10x)} \\
\quad - 6x + 5 \\
\underline{\quad -\ (- 6x + 5)} \\
\qquad\qquad 0
\end{array}$$

e) $\frac{7x^2 - 11x + 4}{- 7x + 4} = - x + 1$, denn: $(7x^2 - 11x + 4):(- 7x + 4) = - x + 1$

$$\begin{array}{l}
\underline{-\ (7x^2 - 4x)} \\
\quad - 7x + 4 \\
\underline{\quad -\ (- 7x + 4)} \\
\qquad\qquad 0
\end{array}$$

f) $\frac{8x - 1}{64x^2 - 16x + 1} = \frac{1}{8x - 1}$, denn: $(64x^2 - 16x + 1):(8x - 1) = 8x - 1$

$$\begin{array}{l}
\underline{-\ (64x^2 - 8x)} \\
\quad - 8x + 1 \\
\underline{\quad -\ (- 8x + 1)} \\
\qquad\qquad 0
\end{array}$$

g) $\frac{x + 2}{x^3 + x^2 - 2x} = \frac{1}{x^2 - x}$, denn:

$$
\begin{array}{l}
(x^3 + x^2 - 2x):(x + 2) = x^2 - x \\
\underline{-(x^3 + 2x^2)} \\
\quad - x^2 - 2x \\
\quad \underline{-(- x^2 - 2x)} \\
\qquad 0
\end{array}
$$

42. Polynomdivision (Fortsetzung)

81.a) $(2x^2 + 8x - 4):(x + 5) = 2x - 2 + \frac{6}{x + 5}$

$$
\begin{array}{l}
\underline{-(2x^2 + 10x)} \\
\quad - 2x - 4 \\
\quad \underline{-(- 2x - 10)} \\
\qquad 6
\end{array}
$$

b) $(- 16x^2 + 12x - 7):(- 4x + 1) = 4x - 2 + \frac{5}{4x - 1}$

$$
\begin{array}{l}
\underline{-(- 16x^2 + 4x)} \\
\quad + 8x - 7 \\
\quad \underline{-(+ 8x - 2)} \\
\qquad - 5
\end{array}
$$

c) $(14x^3 + 41x^2 + 11x - 10):(2x + 5) = 7x^2 + 3x - 2$

$$
\begin{array}{l}
\underline{-(14x^3 + 35x^2)} \\
\quad 6x^2 + 11x \\
\quad \underline{-(6x^2 + 15x)} \\
\qquad - 4x - 10 \\
\qquad \underline{-(- 4x - 10)} \\
\qquad\quad 0
\end{array}
$$

d) $(- 8x^2 - 2x + 30):(- 4x + 7) = 2x + 4 + \frac{2}{- 4x + 7}$

$$
\begin{array}{l}
\underline{-(- 8x^2 + 14x)} \\
\quad - 16x + 30 \\
\quad \underline{-(- 16x + 28)} \\
\qquad 2
\end{array}
$$

e) $(x^4 + 5x^2 - 6):(x^2 - 1) = x^2 + 6$

$$
\begin{array}{l}
\underline{-(x^4 - x^2)} \\
\quad 6x^2 - 6 \\
\quad \underline{-(6x^2 - 6)} \\
\qquad 0
\end{array}
$$

f) $(5x^3 - 9x^2 + 33):(x^2 - 4) = 5x - 9 + \frac{20x - 3}{x^2 - 4}$

$$\begin{array}{l} \underline{-(5x^3 - 20x)} \\ \quad -9x^2 + 20x + 33 \\ \quad \underline{-(-9x^2 + 36)} \\ \qquad 20x - 3 \end{array}$$

g) $(4x^4 - 3x^3 + 7x):(x^2 - 2) = 4x^2 - 3x + 8 + \frac{x + 16}{x^2 - 2}$

$$\begin{array}{l} \underline{-(4x^4 - 8x^2)} \\ \quad -3x^3 + 8x^2 + 7x \\ \quad \underline{-(-3x^3 + 6x)} \\ \qquad 8x^2 + x \\ \qquad \underline{-(8x^2 - 16)} \\ \qquad x + 16 \end{array}$$

43. Vermischte Übungen

82. a) $\frac{x + 5}{x + 5^2}$ nicht möglich!

b) $\frac{(y - 8)^2}{y - 8} = y - 8$

c) $\frac{a^2 - b^2}{a + b} = \frac{(a + b)\cdot(a - b)}{(a + b)} = a - b$

d) $\frac{st - t}{rt + st} = \frac{t\cdot(s - 1)}{t\cdot(r + s)} = \frac{s - 1}{r + s}$

e) $\frac{p^2 + 1}{p^2 - 1}$ nicht möglich!

f) $\frac{xa^2 + x^2a^2}{x^3a^3 - a^2} = \frac{a^2\cdot(x + x^2)}{a^2\cdot(x^3a - 1)} = \frac{x + x^2}{x^3a - 1}$

83. a) $\frac{5}{6a^3b} = \frac{10b}{12a^3b^2}$ $\quad \frac{7}{4ab^2} = \frac{21a^2}{12a^3b^2}$ $\quad$ HN: $3a^22b\cdot(2ab)$

b) $\frac{2 - x}{6x} = \frac{-x^2 - 4x + 12}{6x\cdot(x + 6)}$ $\quad \frac{x - 4}{x + 6} = \frac{6x^2 - 24x}{6x\cdot(x + 6)}$ $\quad$ HN: $6x\cdot(x + 6)$

c) $\frac{3p}{25 - p^2} = \frac{6p}{2\cdot(5 + p)\cdot(5 - p)}$ $\quad \frac{p + 8}{10 + 2p} = \frac{-p^2 - 3p + 40}{2\cdot(5 + p)\cdot(5 - p)}$

HN: $2\cdot(5 - p)\cdot(5 + p)$

84. a) $\frac{24a^2}{25ba} \cdot \frac{35a^2b}{16ab} = \frac{21a^2}{10b}$

b) $\frac{39x^2}{7xy} : \frac{13x^2y^2}{28xy^2} = \frac{39x^2}{7xy} \cdot \frac{28xy^2}{13x^2y^2} = \frac{12}{y}$

c) $\frac{27s^2}{6st^2} : 18st = \frac{27s^2}{6st^2} \cdot \frac{1}{18st} = \frac{1}{4t^3}$

d) $2pq \cdot \frac{44p^2q^2}{66p^3q^3} = \frac{88p^3q^3}{66p^3q^3} = \frac{4}{3}$

e) $\frac{9e^2 - 16}{(3e - 4)^2} \cdot 9e - 12 = \frac{(3e + 4)\cdot(3e - 4)\cdot 3(3e - 4)}{(3e - 4)\cdot(3e - 4)} = 9e + 12$

f) $\frac{6x - 30y}{3y} : \frac{x^2 - 25y^2}{x^2 + 5xy} = \frac{6x - 30y}{3y} \cdot \frac{x^2 + 5xy}{x^2 - 25y^2} = \frac{6\cdot(x - 5y)\cdot(x + 5y)x}{3y\cdot(x - 5y)\cdot(x + 5y)} = \frac{2x}{y}$

85. a) $\frac{2a-1}{7a} - \frac{5+b}{3b} = \frac{6ab - 3b - 35a - 7ab}{21ab} = \frac{-ab - 3b - 35a}{21ab}$

b) $\frac{2y}{x-y} + \frac{2x}{x+y} = \frac{2xy + 2y^2 + 2x^2 - 2xy}{x^2 - y^2} = \frac{2x^2 + 2y^2}{x^2 - y^2}$

c) $\frac{8}{s+t} + \frac{2-s}{st} = \frac{8st + 2s + 2t - s^2 - st}{(s+t)\cdot st} = \frac{7st + 2s + 2t - s^2}{(s+t)\cdot st}$

d) $\frac{2p}{4p^2 - 49} - \frac{5+p}{4p+14} = \frac{2p\cdot 2 - (5+p)\cdot(2p-7)}{2\cdot(2p-7)\cdot(2p+7)} =$

$\frac{4p - 10p + 35 - 2p^2 + 7p}{2\cdot(2p-7)\cdot(2p+7)} = \frac{p - 2p^2 + 35}{2\cdot(4p^2 - 49)}$

44. Test

86. a) $\frac{7b + 21b^2}{14b^3} = \frac{7b\cdot(1+3b)}{14b^3} = \frac{1+3b}{2b^2}$ $D_1 = D_2 = Q \setminus \{0\}$

b) $\frac{a^2 - 1 + a}{a^2 - 1}$ nicht möglich $D_1 = Q \setminus \{1; -1\}$

c) $\frac{36a^2 + 24a}{15a + 10} = \frac{12a\cdot(3a+2)}{5\cdot(3a+2)} = \frac{12a}{5}$ $D_1 = Q \setminus \{-\frac{2}{3}\}$ $D_2 = Q$

d) $\frac{24x^2}{3x^2 - 9x} = \frac{24x^2}{3x\cdot(x-3)} = \frac{8x}{x-3}$ $D_1 = Q \setminus \{0; 3\}$ $D_2 = Q \setminus \{3\}$

e) $\frac{4 - 9y^2}{4 + 12y + 9y^2} = \frac{(2+3y)\cdot(2-3y)}{(2+3y)^2} = \frac{2-3y}{2+3y}$ $D_1 = D_2 = Q \setminus \{-\frac{2}{3}\}$

f) $\frac{15p - 30p^2}{3p - 12p^3} = \frac{15p\cdot(1-2p)}{3p\cdot(1+2p)\cdot(1-2p)} = \frac{5}{1+2p}$ $D_1 = Q \setminus \{0; \frac{1}{2}; -\frac{1}{2}\}$ $D_2 = Q \setminus \{-\frac{1}{2}\}$

87. a) $\frac{4a}{b} + \frac{5b}{a} = \frac{4a^2 + 5b^2}{ab}$

b) $\frac{7}{6x^2y^2} - \frac{4}{5xy} = \frac{35 - 24xy}{30x^2y^2}$ HN: $5\cdot 6xy\cdot(xy)$

c) $\frac{p^2}{p^2 - q^2} - \frac{p+q}{p-q} = \frac{p^2 - (p^2 + 2pq + q^2)}{p^2 - q^2} = \frac{-2pq - q^2}{p^2 - q^2}$ HN: $(p+q)\cdot(p-q)$

d) $\frac{6a}{a^2 - 6ab + 9b^2} + \frac{6a}{3ab - 9b^2} = \frac{18ab + 6a^2 - 18ab}{3b\cdot(a-3b)^2} = \frac{6a^2}{3b\cdot(a-3b)^2}$

HN: $3b\cdot(a-3b)\cdot(a-3b)$

88. a) $\frac{2}{z} + \frac{4}{z} \cdot \frac{3}{z} = \frac{2}{z} + \frac{12}{z^2} = \frac{2z + 12}{z^2}$

b) $\left(\frac{4t}{2s} - \frac{3s}{5t}\right) : \frac{14}{10t} = \frac{20t^2 - 6s^2}{10st} : \frac{14}{10t} = \frac{(20t^2 - 6s^2) \cdot 10t}{10st \cdot 14} = \frac{20t^2 - 6s^2}{14s} = \frac{10t^2 - 3s^2}{7s}$

c) $\frac{3x^2}{5y^2} : \frac{3x}{8y} + \frac{18y^2}{14x^2} \cdot \frac{7xy}{12y^2} = \frac{3x^2 \cdot 8y}{5y^2 \cdot 3x} + \frac{18y^2 \cdot 7xy}{14x^2 \cdot 12y^2} = \frac{8x}{5y} + \frac{3y}{4x} = \frac{4x \cdot 8x}{4x \cdot 5y} + \frac{5y \cdot 3y}{5y \cdot 4x} = \frac{32x^2 + 15y^2}{20xy}$

d) $\frac{9}{16a^2 - 1} - \frac{6b}{4a - 1} : \frac{2b}{3} = \frac{9}{16a^2 - 1} - \frac{6b \cdot 3}{(4a-1) \cdot 2b} = \frac{9}{16a^2 - 1} - \frac{9}{4a - 1} = \frac{9}{(16a^2 - 1)} - \frac{9(4a + 1)}{(4a - 1)(4a + 1)} = \frac{9 - 36a - 9}{16a^2 - 1} = - \frac{36a}{16a^2 - 1}$

89. a) $\frac{6x^2 + 13x - 33}{2x - 3} = \frac{(3x + 11) \cdot (2x - 3)}{2x - 3} = 3x + 11$

b) $\frac{15x^2 - 26x + 8}{5x - 2} = \frac{(5x - 2) \cdot (3x - 4)}{5x - 2} = 3x - 4$

c) $\frac{19x - 6 - 8x^2}{2 - x} = \frac{(2 - x) \cdot (8x - 3)}{2 - x} = 8x - 3$

d) $\frac{7 + 20x^2 - 39x}{1 - 5x} = \frac{(1 - 5x) \cdot (- 4x + 7)}{1 - 5x} = - 4x + 7$

e) $\frac{x^2 + 1}{x^3 - 2x^2 + x - 2} = \frac{x^2 + 1}{(x^2 + 1) \cdot (x - 2)} = \frac{1}{x - 2}$

45. Lösungsschritte von Bruchgleichungen

90. a) $\frac{54}{x} = 9 \quad | \cdot x$

$54 = 9x$, also ist $x = 6$ $\quad L = \{6\} \quad D = Q \setminus \{0\}$

b) $\frac{75}{3x} = 5 \quad | \cdot 3x$

$75 = 15x$, also ist $x = 5$ $\quad L = \{5\} \quad D = Q \setminus \{0\}$

c) $\frac{4}{x} + 7 = 11 \quad | \cdot x$

$4 + 7x = 11$

$4 = 4x$, also ist $x = 1$ $\quad L = \{1\} \quad D = Q \setminus \{0\}$

d) $\frac{26}{4x} - \frac{3}{4} = \frac{5}{2} \quad | \cdot 4x$

$26 - 3x = 10x$

$26 = 13x$, also ist $x = 2$ $\quad L = \{2\} \quad D = Q \setminus \{0\}$

e) $\frac{1}{y} - \frac{5}{3y} = \frac{3}{4}$ $\quad | \cdot 12y$

$12 - 20 = 9y$

$-8 = 9y$, also ist $x = -\frac{8}{9}$ $\quad L = \{-\frac{8}{9}\} \quad D = Q \setminus \{0\}$

f) $\frac{12}{7x} - \frac{4}{3x} = 2$ $\quad | \cdot 21x$

$36 - 28 = 42x$

$8 = 42x$, also ist $x = \frac{4}{21}$ $\quad L = \{\frac{4}{21}\} \quad D = Q \setminus \{0\}$

g) $\frac{5}{8} + \frac{3}{4y} = \frac{2}{3y}$ $\quad | \cdot 24y$

$15y + 18 = 16$

$15y = -2$, also ist $y = -\frac{2}{15}$ $\quad L = \{-\frac{2}{15}\} \quad D = Q \setminus \{ 0\}$

46. Einfache Bruchgleichungen

91. a) $\frac{4}{3x} + \frac{2}{x} = \frac{5}{3}$ $\quad | \cdot 3x$

$4 + 6 = 5x$

$10 = 5x$, also ist $x = 2$ $\quad L = \{2\} \quad D = Q \setminus \{0\}$

b) $\frac{y+1}{y} + \frac{7}{2y} = \frac{4}{y}$ $\quad | \cdot 2y$

$2y + 2 + 7 = 8$

$2y = -1$, also ist $y = -\frac{1}{2}$ $\quad L = \{-\frac{1}{2}\} \quad D = Q \setminus \{0\}$

c) $\frac{3+x}{6x} = \frac{5}{4x} - \frac{x+1}{3x}$ $\quad | \cdot 12x$

$6 + 2x = 15 - (4x + 4)$

$6x = 5$, also ist $x = \frac{5}{6}$ $\quad L = \{\frac{5}{6}\} \quad D = Q \setminus \{0\}$

d) $\frac{6}{x+5} = \frac{1}{4}$ $\quad | \cdot 4 \cdot (x+5)$

$24 = x + 5$

$19 = x$ $\quad L = \{19\} \quad D = Q \setminus \{-5\}$

e) $3 + \frac{4}{2z-3} = \frac{1}{5}$ $\quad | \cdot 5 \cdot (2z-3)$

$3 \cdot 5 \cdot (2z - 3) + 20 = 2z - 3$

$30z - 45 + 20 = 2z - 3$

$28z = 22$, also ist $z = \frac{11}{14}$ $\quad L = \{\frac{11}{14}\} \quad D = Q \setminus \{\frac{3}{2}\}$

f) $\frac{2}{3} + \frac{4}{y - 5} = \frac{y}{y - 5} - \frac{1}{2}$ $\quad | \cdot 6 \cdot (y - 5)$

$2 \cdot 2 \cdot (y - 5) + 4 \cdot 6 = y \cdot 6 - 3 \cdot (y - 5)$

$4y - 20 + 24 = 6y - 3y + 15$

$4y + 4 = 3y + 15$

$y = 11$ $\quad L = \{11\} \quad D = Q \setminus \{5\}$

g) $\frac{4x}{5 - 4x} - 1 = -\frac{2}{3} + \frac{x + 7}{5 - 4x}$ $\quad | \cdot 3 \cdot (5 - 4x)$

$4x \cdot 3 - 3 \cdot (5 - 4x) = -2 \cdot (5 - 4x) + (x + 7) \cdot 3$

$12x - 15 + 12x = -10 + 8x + 3x + 21$

$24x - 15 = 11 + 11x$

$13x = 26$, also ist $x = 2$ $\quad L = \{2\} \quad D = Q \setminus \{\frac{5}{4}\}$

47. Einfache Bruchgleichungen (Fortsetzung)

92. a) $\frac{7x - 14}{x - 2} = 6$ $\quad | \cdot (x - 2)$

$7x - 14 = 6x - 12$

$x = 2$ $\quad L = \{\ \} \quad D = Q \setminus \{2\}$

b) $\frac{3}{y - 8} = \frac{3}{y - 8}$ $\quad | \cdot (y - 8)$

$3 = 3$ $\quad L = D \quad D = Q \setminus \{8\}$

c) $\frac{2z + 4}{3z - 5} = \frac{5}{2} - \frac{z - 3}{3z - 5}$ $\quad | \cdot 2 \cdot (3z - 5)$

$(2z + 4) \cdot 2 = 5 \cdot (3z - 5) - (z - 3) \cdot 2$

$4z + 8 = 15z - 25 - 2z + 6$

$-9z = -27$

$z = 3$ $\quad L = \{3\} \quad D = Q \setminus \{\frac{5}{3}\}$

d) $\frac{y^2 + 9}{4y} - \frac{y}{4} = \frac{8}{4y}$ $\quad | \cdot 4y$

$y^2 + 9 - y^2 = 8$

$9 = 8$ $\quad L = \{\ \} \quad D = Q \setminus \{0\}$

e) $\frac{8}{5x} - 1 = \frac{5}{3} + \frac{2 - 4x}{2x}$ $\quad | \cdot 30x$

$48 - 30x = 50x + 15 \cdot (2 - 4x)$

$48 - 30x = 50x + 30 - 60x$

$-20x = -18$

$x = \frac{9}{10}$ $\quad L = \{\frac{9}{10}\} \quad D = Q \setminus \{0\}$

f) $x - 2 = x + 4 - \frac{6x + 18}{x + 3} \quad \Big| \cdot(x + 3)$

$(x - 2)\cdot(x + 3) = (x + 4)\cdot(x + 3) - (6x + 18)$

$x^2 + 3x - 2x - 6 = x^2 + 3x + 4x + 12 - 6x - 18$

$x - 6 = x - 6$

$-6 = -6 \qquad L = D \qquad D = Q \setminus \{-3\}$

g) $\frac{7z}{z - 3} = \frac{2z + 15}{z - 3} - 2 \quad \Big| \cdot(z - 3)$

$7z = 2z + 15 - 2\cdot(z - 3)$

$7z = 2z + 15 - 2z + 6$

$7z = 21$

$z = 3 \qquad L = \{\ \} \qquad D = Q \setminus \{3\}$

48. Schwierigere Bruchgleichungen

93. a) $\frac{2}{x} = \frac{4}{6 - x} \quad \Big| \cdot x\cdot(6 - x)$

$2\cdot(6 - x) = 4\cdot x$

$12 - 2x = 4x$

$12 = 6x$

$x = 2 \qquad L = \{2\} \qquad D = Q \setminus \{0; 6\}$

b) $\frac{7}{x - 1} = \frac{5}{x + 3} \quad \Big| \cdot(x - 1)\cdot(x + 3)$

$7\cdot(x + 3) = 5\cdot(x - 1)$

$7x + 21 = 5x - 5$

$2x = -26$

$x = -13 \qquad L = \{-13\} \qquad D = Q \setminus \{1; -3\}$

c) $\frac{2x}{7 + 2x} = \frac{x - 3}{x - 4} \quad \Big| \cdot(7 + 2x)\cdot(x - 4)$

$2x\cdot(x - 4) = (x - 3)\cdot(7 + 2x)$

$2x^2 - 8x = 7x + 2x^2 - 21 - 6x$

$-8x = x - 21$

$-9x = -21$

$x = \frac{7}{3} \qquad L = \{\frac{7}{3}\} \qquad D = Q \setminus \{-3,5; 4\}$

d) $\frac{3x + 1}{(x + 1)\cdot(x + 2)} = \frac{5}{x + 2} - \frac{2}{x + 1} \quad \Big| \cdot(x + 1)\cdot(x + 2)$

$3x + 1 = 5\cdot(x + 1) - 2\cdot(x + 2)$

$3x + 1 = 5x + 5 - 2x - 4$

$3x + 1 = 3x + 1$

$1 = 1 \qquad L = D \qquad D = Q \setminus \{-1; -2\}$

e) $\frac{4x}{x+1} + 2 = \frac{6x}{x-1}$ $\quad \mid \cdot(x+1)\cdot(x-1)$

$4x\cdot(x-1) + 2\cdot(x+1)\cdot(x-1) = 6x\cdot(x+1)$

$4x^2 - 4x + 2x^2 - 2x + 2x - 2 = 6x^2 + 6x$

$6x^2 - 4x - 2 = 6x^2 + 6x$

$-10x = 2$

$x = -\frac{1}{5}$ $\quad L = \{-\frac{1}{5}\}$ $\quad D = Q \setminus \{1; -1\}$

f) $\frac{4}{3y} + \frac{4}{1-3y} = 0$ $\quad \mid \cdot 3y\cdot(1-3y)$

$4\cdot(1-3y) + 4\cdot 3y = 0$

$4 - 12y + 12y = 0$

$4 = 0$ $\quad L = \{\ \}$ $\quad D = Q \setminus \{0; \frac{1}{3}\}$

g) $\frac{6x-1}{2x^2+5} = \frac{3}{x}$ $\quad \mid \cdot x\cdot(2x^2+5)$

$(6x-1)\cdot x = 3\cdot(2x^2+5)$

$6x^2 - x = 6x^2 + 15$

$-x = 15$

$x = -15$ $\quad L = \{-15\}$ $\quad D = Q \setminus \{0\}$

h) $\frac{2}{x} - \frac{1}{x-1} = \frac{1}{x+2}$ $\quad \mid \cdot x\cdot(x-1)\cdot(x+2)$

$2\cdot(x-1)\cdot(x+2) - x\cdot(x+2) = x\cdot(x-1)$

$2x^2 + 4x - 2x - 4 - x^2 - 2x = x^2 - x$

$x^2 - 4 = x^2 - x$

$-4 = -x$

$x = 4$ $\quad L = \{4\}$ $\quad D = Q \setminus \{0; 1; -2\}$

49. Schwierigere Bruchgleichungen (Fortsetzung)

94. a) $\frac{4x+1}{x+1} = \frac{2x-5}{3x+3}$ $\quad \mid \cdot 3\cdot(x+1)$

$(4x+1)\cdot 3 = 2x - 5$

$12x + 3 = 2x - 5$

$10x = -8$, also ist $x = -\frac{4}{5}$ $\quad L = \{-\frac{4}{5}\}$ $\quad D = Q \setminus \{-1\}$

b) $\frac{y}{4y+8} = \frac{5-y}{2y+4}$ $\quad \mid \cdot 4\cdot(y+2)$

$y = (5-y)\cdot 2$

$y = 10 - 2y$

$3y = 10$, also ist $y = \frac{10}{3}$ $\quad L = \{\frac{10}{3}\}$ $\quad D = Q \setminus \{-2\}$

c) $\frac{5}{z^2} = \frac{1}{z-1} - \frac{1}{z}$ $\quad | \cdot z^2 \cdot (z - 1)$

$5 \cdot (z - 1) = z^2 - z \cdot (z - 1)$

$5z - 5 = z^2 - z^2 + z$

$4z = 5$, also ist $z = \frac{5}{4}$ $\quad L = \{\frac{5}{4}\}$ $\quad D = Q \setminus \{0; 1\}$

d) $\frac{2}{3y + 6} - \frac{5}{2y - 3} = \frac{3}{6y - 9}$ $\quad | \cdot 3 \cdot (y + 2) \cdot (2y - 3)$

$2 \cdot (2y - 3) - 5 \cdot 3 \cdot (y + 2) = 3 \cdot (y + 2)$

$4y - 6 - 15y - 30 = 3y + 6$

$- 11y - 36 = 3y + 6$

$- 14y = 42$, also ist $y = - 3$ $\quad L = \{- 3\}$ $\quad D = Q \setminus \{\frac{3}{2}; - 2\}$

e) $\frac{2}{z} - \frac{4}{5z - 10} = \frac{7}{3z - 6}$ $\quad | \cdot 15z \cdot (z - 2)$

$2 \cdot 15 \cdot (z - 2) - 4 \cdot 3 \cdot z = 7 \cdot 5 \cdot z$

$30z - 60 - 12z = 35z$

$18z - 60 = 35z$

$-17z = 60$, also ist $z = - \frac{60}{17}$ $\quad L = \{- \frac{60}{17}\}$ $\quad D = Q \setminus \{0; 2\}$

f) $\frac{3x - 1}{x - 1} + \frac{2x + 3}{x + 1} = \frac{5x^2 - 2x - 9}{x^2 - 1}$ $\quad | \cdot (x - 1) \cdot (x + 1)$

$(3x - 1) \cdot (x + 1) + (2x + 3) \cdot (x - 1) = 5x^2 - 2x -9$

$3x^2 + 3x - x -1 + 2x^2 - 2x + 3x - 3 = 5x^2 - 2x - 9$

$5x^2 + 3x - 4 = 5x^2 - 2x - 9$

$5x = - 5$

$x = - 1$ $\quad L = \{ \}$ $\quad D = Q \setminus \{1; - 1\}$

g) $\frac{x}{x^2 - 4} + \frac{x - 2}{x^2 + 2x} = \frac{6}{3x + 6}$ $\quad | \cdot 3x \cdot (x + 2) \cdot (x - 2)$

$x \cdot 3x + (x - 2) \cdot (x - 2) \cdot 3 = 6 \cdot x \cdot (x - 2)$

$3x^2 + 3x^2 - 6x - 6x + 12 = 6x^2 - 12x$

$6x^2 - 12x + 12 = 6x^2 - 12x$

$12 = 0$ $\quad L = \{ \}$ $\quad D = Q \setminus \{0; 2; - 2\}$

50. Verhältnisgleichungen (Proportionen)

95. a) $\frac{100}{121} = \frac{x}{350}$ $\quad x = 289{,}26$

Man erhält 289,26 Schweizer Franken.

b) $\frac{1}{25000} = \frac{0{,}12}{x}$ $x = 3000$

12 cm entsprechen in Wirklichkeit 3000m = 3 km.

c) $\frac{3}{10} = \frac{2{,}5}{x}$ $x = 8{,}33$

Für 2,5 l Alkohol benötigt man 8,33 l Wasser.

$\frac{3}{10} = \frac{x}{6{,}5 - x}$ $x = 1{,}5$

Für 6,5 l der Mischung benötigt man 1,5 l Alkohol und 6,5 l - 1,5 l = 5 l Wasser.

d) $\frac{3}{5} = \frac{x}{1872 - x}$ $x = 702$

Die Familie mit drei Personen zahlt 702 DM und die Familie mit 5 Personen zahlt 1872 DM - 702 DM = 1170 DM.

51. Umstellen von Formeln

96. a) $A = \frac{e \cdot f}{2}$ $e = \frac{2 \cdot A}{f}$

b) $u = 2a + 2b$ $b = \frac{u - 2a}{2}$

c) $P = G \cdot \frac{p}{100}$ $G = \frac{100 \cdot P}{p}$

d) $A = \frac{a + c}{2} \cdot h$ $h = \frac{2 \cdot A}{a + c}$

e) $Z = \frac{K \cdot t \cdot p}{360 \cdot 100}$ $p = \frac{360 \cdot 100 \cdot Z}{K \cdot t}$

52. Textaufgaben zu den Bruchgleichungen

97. a) $\frac{1}{x} + 4 = 6 \quad | \cdot x$

$1 + 4x = 6x$

$1 = 2x$, also ist $x = \frac{1}{2}$

b) $\frac{1}{x} - \frac{1}{3x} = \frac{1}{4} \quad | \cdot 12x$

$12 - 4 = 3x$

$8 = 3x$, also ist $x = \frac{8}{3}$

c) $\frac{1}{x} + \frac{2}{x} - \frac{1}{3x} = \frac{1}{3} \quad | \cdot 3x$

$3 + 6 - 1 = x$

$8 = x$

d) $\frac{19 + x}{13 - x} = 7 \quad | \cdot(13 - x)$

$19 + x = 7 \cdot (13 - x)$

$19 + x = 91 - 7x$

$8x = 72$, also ist $x = 9$

e) $\frac{3+x}{5+x} = 3 \quad | \cdot(5 + x)$

$3 + x = 3 \cdot (5 + x)$

$3 + x = 15 + 3x$

$- 12 = 2x$, also ist $x = - 6$

53. Vermischte Übungen

98. a) $\frac{12}{8x} - 1 = \frac{4}{5x} \quad | \cdot 40x$

$12 \cdot 5 - 40x = 4 \cdot 8$

$60 - 40x = 4 \cdot 8$

$60 - 40x = 32$

$28 = 40x$, also ist $x = \frac{7}{10}$ $\quad L = \{\frac{7}{10}\}$ $\quad D = Q \setminus \{0\}$

b) $\frac{- 5}{x^2 - 16} + \frac{3}{x - 4} = \frac{2}{x + 4} \quad | \cdot(x - 4) \cdot (x + 4)$

$- 5 + 3 \cdot (x + 4) = 2 \cdot (x - 4)$

$- 5 + 3x + 12 = 2x - 8$

$7 + 3x = 2x - 8$

$x = - 15$ $\quad L = \{- 15\}$ $\quad D = Q \setminus \{4; - 4\}$

c) $\frac{3}{x - 2} = \frac{6}{x^2 - 2x} \quad | \cdot x \cdot (x - 2)$

$3 \cdot x = 6$

$x = 2$ $\quad L = \{ \}$ $\quad D = Q \setminus \{2; - 2\}$

d) $\frac{x + 5}{3x - 4} - \frac{2x - 7}{6x + 1} = \frac{8x + 3}{(3x - 4)(6x + 1)} \quad | \cdot(3x - 4) \cdot (6x + 1)$

$(x + 5) \cdot (6x + 1) - (2x - 7) \cdot (3x - 4) = 8x + 3$

$6x^2 + x + 30x + 5 - 6x^2 + 8x + 21x - 28 = 8x + 3$

$60x - 23 = 8x + 3$

$52x = 26$, also ist $x = \frac{1}{2}$ $\quad L = \{\frac{1}{2}\}$ $\quad D = Q \setminus \{\frac{4}{3}; - \frac{1}{6}\}$

99. a) $\frac{1}{150000} = \frac{x}{600000} \qquad x = 4$

4 cm entsprechen 6 km in Wirklichkeit.

b) $\frac{2}{900000} = \frac{1}{x}$ $x = 450000$

Die Karte hat einen Maßstab von 1:450000.

c) $\frac{56}{44} = \frac{7}{x}$ $x = 5{,}5$

Es werden 5,5 kg Zink benötigt.

d) $\frac{3}{5} = \frac{x}{3800 - x}$ $x = 1425$ DM

Derjenige, der weniger eingesetzt hat, bekommt 1425 DM und der andere erhält 3800 - 1425 = 2375 DM.

100. a) $\frac{x}{5} - 2 = \frac{x}{3}$ $\quad |\cdot 15$

$3x - 2 \cdot 15 = 5x$

$-2x = 30$

$x = -15$

b) $\frac{x}{x+4} = 5$ $\quad |\cdot(x+4)$

$x = 5 \cdot (x+4)$

$x = 5x + 20$

$-4x = 20$

$x = -5$

c) $\frac{2}{x} - 1 = \frac{1}{3x} + \frac{2}{5}$ $\quad |\cdot 15x$

$30 - 15x = 5 + 6x$

$25 = 21x$

$x = \frac{25}{21}$

54. Test

101. a) $\frac{5}{x} = \frac{7}{2}$, also ist $x = \frac{10}{7}$

b) $\frac{x+3}{x} = \frac{7}{4}$, also ist $x = 4$

c) $\frac{1}{2x - 5} = \frac{4}{3x + 5}$ $\quad |\cdot(2x - 5)\cdot(3x + 5)$

$3x + 5 = 4 \cdot (2x - 5)$

$3x + 5 = 8x - 20$

$25 = 5x$, also ist $x = 5$

102. a) $\frac{1}{x} - \frac{1}{9x} = \frac{6 - 5x}{6x} + \frac{2}{9}$ $\quad |\cdot 18x$

$18 - 2 = (6 - 5x) \cdot 3 + 2 \cdot 2x$

$16 = 18 - 15x + 4x$

$11x = 2$, also ist $x = \frac{2}{11}$ $\quad L = \{\frac{2}{11}\}$ $\quad D = \mathbb{Q} \setminus \{0\}$

b) $\frac{3}{2} = \frac{2x - 2}{2x + 3}$ $\quad \big| \cdot 2\cdot(2x + 3)$

$3\cdot(2x + 3) = (2x - 2)\cdot 2$

$6x + 9 = 4x - 4$

$2x = -13$, also ist $x = -\frac{13}{2}$ $\quad L = \{-\frac{13}{2}\}$ $\quad D = Q \setminus \{-\frac{3}{2}\}$

c) $\frac{2x}{x + 1} + \frac{3}{2x} = 2 - \frac{1}{x}$ $\quad \big| \cdot 2x\cdot(x + 1)$

$2x\cdot 2x + 3\cdot(x + 1) = 2\cdot 2x\cdot(x + 1) - 2\cdot(x + 1)$

$4x^2 + 3x + 3 = 4x^2 + 4x - 2x - 2$

$3x + 3 = 2x - 2$

$x = -5$ $\quad L = \{-5\}$ $\quad D = Q \setminus \{0; -1\}$

d) $\frac{2x}{1 - x} + \frac{8}{x + 1} = \frac{2x^2 - 6}{1 - x^2} - \frac{2}{1 - x}$ $\quad \big| \cdot(1 - x)\cdot(1 + x)$

$2x\cdot(1 + x) + 8\cdot(1 - x) = 2x^2 - 6 - 2\cdot(1 + x)$

$2x + 2x^2 + 8 - 8x = 2x^2 - 6 - 2 - 2x$

$-6x + 8 = -8 - 2x$

$16 = 4x$, also ist $x = 4$ $\quad L = \{4\}$ $\quad D = Q \setminus \{1; -1\}$

e) $\frac{14 - 3x}{2x + 4} - \frac{7}{6} = \frac{x^2 - 6x + 2}{4 - x^2} + \frac{5x}{6 - 3x}$ $\quad \big| \cdot 6\cdot(2 + x)\cdot(2 - x)$

$(14 - 3x)\cdot 3\cdot(2 - x) - 7\cdot(2 + x)\cdot(2 - x) =$

$(x^2 - 6x + 2)\cdot 6 + 5x\cdot 2\cdot(2 + x)$

$(14 - 3x)\cdot(6 - 3x) - (14 + 7x)\cdot(2 - x) =$

$6x^2 - 36x + 12 + 20x + 10x^2$

$84 - 42x - 18x + 9x^2 - 28 + 14x - 14x + 7x^2 =$

$6x^2 - 36x + 12 + 20x + 10x^2$

$56 - 60x + 16x^2 = 16x^2 - 16x + 12$

$44 = 44x$, also ist $x = 1$ $\quad L = \{1\}$ $\quad D = Q \setminus \{2; -2\}$

103. a) $V = a\cdot b\cdot c$ $\qquad b = \frac{V}{a\cdot c}$

b) $A = \frac{g\cdot h}{2}$ $\qquad g = \frac{2\cdot A}{h}$

c) $R = \frac{U}{I}$ $\qquad I = \frac{U}{R}$

d) $Z = \frac{K\cdot t\cdot p}{360\cdot 100}$ $\qquad t = \frac{Z\cdot 360\cdot 100}{K\cdot p}$

e) $\frac{F_1}{F_2} = \frac{a_2}{a_1}$ $\qquad a_1 = \frac{a_2 \cdot F_2}{F_1}$

f) $O = 2\pi r^2 + 2\pi rh$ $\qquad h = \frac{O - 2\pi r^2}{2\pi r}$

104. a) $\frac{4}{x} = \frac{7}{x+3} \quad \Big| \cdot x \cdot (x+3)$

$4 \cdot (x + 3) = 7x$

$4x + 12 = 7x$

$12 = 3x$

$x = 4$

b) $\frac{x+3}{(x-4) \cdot 2} = \frac{2}{3} \quad \Big| \cdot 6 \cdot (x-4)$

$(x + 3) \cdot 3 = 2 \cdot 2 \cdot (x - 4)$

$3x + 9 = 4x - 16$

$25 = x$